2 €

Le Tailleur de costards sort sa plume !

BERNARD MABILLE

PEUT-ÊTRE GRAS MAIS JAMAIS LOURD

118, avenue Achille-Peretti – CS 70024
92521 Neuilly-sur-Seine Cedex
www.michel-lafon.com

Le Tailleur de costards sort sa plume !

BERNARD MABILLE

PEUT-ÊTRE GRAS MAIS JAMAIS LOURD

Michel LAFON

Si sarkommence, gare hollandemains qui déchantent

POLITIQUE FRANÇAISE

DSK PRÉSIDENT !

365 premières dames de France,
l'Élysée délocalisé à Pornic,
La Marseillaise remplacée par
La Queuleuleu...

Je ne l'ai jamais cru coupable :
pourquoi, vivant avec des couilles en or,
aurait-il risqué de finir la bite en tôle ?

PAS DE BOL

De Gaulle est mort à Colombey-les-Deux-Églises
un 9 novembre. Qui va en Haute-Marne l'automne
pour se recueillir sur sa tombe regrette que le drame
n'ait pas eu lieu à Saint-Tropez un 15 août...

*Jean-Louis Borloo a définitivement jeté
l'éponge. Je ne parle pas de son foie.*

Au vu des derniers sondages, François Hollande pourrait inventer le quinquennat de quatre ans.

MOTUS ET BOUCHE COUSUE

Affaire Strauss-Kahn : Hollande n'a rien vu, rien entendu.

Affaire Cahuzac : Hollande n'a rien vu, rien entendu.

Affaire Thévenoud : Hollande n'a rien vu, rien entendu.

Affaire Aquilino Morelle : Hollande n'a rien vu, rien entendu…

Nous sommes gouvernés par le fils de Ray Charles et de Beethoven.

BUG

Selon Duflot, « Valls travaille sur un logiciel périmé ». Elle confond Valls et Strauss-Kahn, qui, lui, utilise un vieux mac.

RÉGIMES

François Hollande avec Castro ou avec Bouteflika, « éblouissant malgré son grand âge », paraît-il. Seul un végétarien peut aimer à ce point les légumes…

THE GOOD MAN

Hollande en Belgique : *The right man at the right place*. Plus Hollande va à Bruxelles, plus la France est dans les choux…

ABRACADABRA

Les Balkany sont magiciens, ils ont transformé des casseroles en moulin à Giverny et villa aux Caraïbes, avant de les faire disparaître.

PARADOXE

François Hollande n'aimerait pas les pauvres… Difficile à croire, il en fabrique de nouveaux tous les jours.

COLOR BLOCK

Cinq ou six candidats pour les primaires des républicains. Faut dire qu'à droite ce ne sont pas les primaires qui manquent.

DSK aurait été un bon capitaine s'il ne s'était échoué sur un banc de maquereaux.

Sarkozy ne décolle pas, au grand dam de l'ami Hortefeux, Hortefeux de détresse.

Ségolène : Mme « Je, je, je… Moi, moi, moi… ». C'est Egolène.

Universités d'été. Le monde politique joue la décontraction. Sympa de voir ces vieux crocodiles en Lacoste.

QUESTION DE STYLE

Avec Sarkozy nous avons connu

le Président bling-bling,

avec Hollande nous découvrons

le Président Chupa Chups :

avec lui, tout part en sucette…

Cher journal

Chirac est aujourd'hui l'homme politique préféré des Français, devant de Gaulle, Pompidou, et Mitterrand. Sondage réalisé auprès de cent pensionnaires du Père-Lachaise. À noter l'avant-gardisme de nos contemporains. Marrant que les gens aiment leur Président à l'instant où ils savent qu'ils n'auront plus jamais, sauf miracle de la DHEA, à voter pour lui. En France, moins t'en fais, plus on t'aime.

Faux et archi-faux, Hollande arrivant bon dernier, qui pourtant ne se tue pas au boulot.

Les Dupont Lajoie auraient-ils un soupçon de lucidité ? J'aime bien Chirac. Qui a supporté si longtemps Bernadette ne peut être si mauvais, aussi oublions les sujets qui ont fâché. Pensons à ce vieux monsieur qui, le soir, nous apprend *Paris Match*, alors que maman squatte les salons amis, s'endort devant une pizza. L'histoire ne dit pas si celle-ci est livrée par une scootériste venue de l'Élysée.

BOIS DE CHAUFFE

*Michel Sapin : avec un nom pareil,
l'on pouvait s'attendre à quelques illuminations.*

*Raté ! En boucle, le ministre promet
que les impôts n'augmenteront pas.
L'on sait maintenant en quoi est fait
le nez de Pinocchio : en bois de sapin.*

*Chirac serait sourd comme un pot... Un comble :
avoir des problèmes de pavillon quand tu as
squatté tous les palais de la République.*

*Primaires à droite, les couteaux sont tirés,
on se fout de Laguiole des militants.*

CAPILLOTRACTÉ

Moscovici pantoufle à Bruxelles. Bien qu'ayant travaillé avec Cahuzac, il affirma ne pas connaître ce dernier. Je veux le croire, Cahuzac ayant commencé dans les implants capillaires, je le vois mal laisser un pote avec pareille patinoire à mouches. Moscovici n'a pas une tête à être de mèche.

La France est passée du siècle des Lumières au quinquennat des ampoules basse consommation.

TITANIC

« Les républicains veulent tous êtres capitaines, mais il n'y a que des moussaillons », d'après Hortefeux. À voir l'âge du moussaillon Raffarin, on se dit que le capitaine est plus que centenaire...

LE SAVIEZ-VOUS ?

Philippe Folliot, Catherine Morin-Desailly, Sophie Auconie, Arnaud Richard, Bertrand Pancher, Yannick Favennec... Qui sont-ils ? Les vice-présidents de l'UDI, l'Union des inconnus.

ALERTE ENLÈVEMENT

Que devient le petit Boris Boillon, ex-Sarkoboy, ancien ambassadeur de France en Tunisie qui posait en calbar option poutre apparente, exhibant merguez et boulettes au pays du couscous ?

RÉSURRECTION

L'homme politique français n'est jamais mort. Regardez Strauss-Kahn : sitôt blanchi, le voilà démangé par l'envie d'un retour, conforté par de nombreux Français résignés.

« Quitte à se faire baiser une fois encore, autant que ce soit par un professionnel… », entend-on au Café du commerce.
Déjà, dans les premiers sondages, il caracole devant Ségolène, Martine et François, certes écœurés mais soulagés de ne pas le savoir derrière eux.

SONDAGES

78 % des Français ne font plus confiance à notre classe politique.

78 %, c'est énorme.
Positivons, ça nous fait tout de même 22 % qui y croient encore…

Après enquête, ils sont ministres, sénateurs, députés et chefs de cabinet…

MINUS ET CORTEX

Villepin n'est pas rancunier, il soutiendrait Nicolas Sarkozy, le même qui voulait le suspendre à un croc de boucher. Une des nombreuses promesses que Nicolas n'ait pas tenues. Faut dire que c'est haut, un croc de boucher, à moins de trouver un boucher qui vend de la viande de Shetland. Nicolas est tout petit : même très près, t'as l'impression qu'il est très loin.

Jean-Marie Le Pen ne se présente pas en Paca : Marseille a perdu son vieux port.

Quand on voit Valls gouverner la France, on se dit qu'il a perdu le manuel.

Querelle de famille. Ce sont les mêmes : avec Jean-Marie, t'avais Pétain, avec Marine, t'as Pet 2.

Bayrou candidat en 2017. L'Histoire bégaie, lui aussi.

Cher journal

J'aime la poignée de main chaleureuse mais moite du politique aux derniers ouvriers visités façon « s'il me colle du cambouis sur les doigts j'vais en foutre plein les petits-fours du préfet lors de la réception privée ». J'aime son air de parvenu se forçant à partager les bonheurs du smicard payé 10 euros l'heure, rempli de questions retenues : « Alors, l'esclave, ça boume… ? », étouffant un cri admiratif : « Quelle chance de faire ce boulot de merde ! »

Hollande a Philae, un labrador. Compagnon indispensable de tout mec qui gouverne à l'aveuglette.

Nom trompeur : Harlem Désir. Qui peut avoir du désir pour Harlem ?

Nom pas trompeur : Jean-Vincent Placé. Sûr qu'il n'a pas une tronche de gagnant.

En Arabie, t'es un voleur, t'es amputé.

En France, t'es un voleur, t'es député.

TROUVEZ L'INTRUS

Savez-vous qui a prononcé cette réplique célèbre : « Le bègue, je vais le crever… » ?

1. Lino Ventura dans *Les Barbouzes*.
2. Vincent Cassel dans *Mesrine*.
3. Clint Eastwood dans *L'Inspecteur Harry*.

Ni les uns, ni les autres, c'est Nicolas Sarkozy légèrement agacé par le bègue le plus célèbre de France après Francis Perrin, François Bayrou, qui aurait aussitôt rétorqué : « Je ne vais pas me laisser enc… enc… encombré par ce myrmidon. »

Ainsi donc, rien que pour l'embêter, Bayrou se présentera-t-il en 2017, sans soutien.

Ce sera sa quatrième tentative.

Chances de l'emporter ? Aucune.

On peut être maire de Pau
et manquer de bol.

MESSAGES CODÉS

Les Français parlent aux Français :

Hollande Président… La tulipe nous l'a mis dans l'oignon.

Le piment rouge constipe… Mélenchon nous fera plus chier…

DUPOND ET DUPONT

Juppé-Sarkozy : blanc benêt et benêt blanc.

RÉCHAUFFEMENT CLIMATIQUE

Hollande, c'est la politique du climatiseur. D'un côté il brasse de l'air, de l'autre il nous le pompe.

ÇA RAME

Le Foll, ministre de l'Agriculture aux marins pêcheurs : « Pêchez des poissons panés, c'est ce que les gosses préfèrent ! »

LANGUE DE BOIS

Décodage. Quand un politique dit : « Je n'aspire qu'au bonheur des Français… », il faut comprendre : « Tout pour ma gueule, les autres je m'en tape… »

LE MALHEUR DES UNS…

Attentats de janvier 2015 à Paris : Hollande prend 12 points, un point par mort. Un crash sur Air France, le déraillement d'un TGV… il serait au minimum à 250 % !

Baroin éternel premier communiant.
Normal, il vit en aube, à Troyes.

Valls sort son 49-3. Les hommes de petite taille sont bien montés.

Mauvaise passe, rien ne va plus au Front national. On appelle ça avoir le mauvais oeil.

Fillon toujours sur le départ,
il a ses valises sous les yeux.

GARDE-À-VOUS !

Trois ans après l'élection, Hollande a enfin revêtu ses habits présidentiels. Les temps changent : la génération qui se levait pour Danette se lève aujourd'hui pour Flanby.

MICROCÉPHALE

Et revoici Nadine Morano et son humour pour les nuls : « Il n'y avait pas de vols de portables avant l'invention des portables… » Rendez-nous son père ! Il était plus marrant, Dario, Dario Morano…

BON SENS

DSK ne rentrera pas au gouvernement. Je n'y crois pas. Ce serait bien la première fois qu'il refuserait de rentrer dans quelque chose.

SOSIE

Martine Aubry, c'est Régine. Un boa, une plume dans le cul, c'est Régine. Même programme : « Laissez passer les sans-papiers… »

BONS À RIEN, NULS PARTOUT

Nos ministres savent tout faire, le soir ils sont aux Sports, le lendemain, à l'Éducation nationale. Aurions-nous confiance si notre boucher le soir devenait boulanger le lendemain matin ? Non, bien sûr. Pour les ministres, c'est pareil.

Hollande veut faire la guerre à la pauvreté. S'il la gagne, que fera-t-on des 15 millions de prisonniers ?

FRANÇAIS D'ARABIE

Hollande en partance

pour Riyad :

« L'Arabie, c'est où, dites ? »

Président gobe-trotter,

lui il trotte,

les Français gobent.

Le Pen se défend :
« Je n'ai pas
de pognon non déclaré
en Suisse, j'ai toujours
craché sur le noir. »

Non ! Mme Lebranchu
n'est pas de la famille
de M. Sapin.

NEU-NEUILLÉENS

Bruno Le Maire parle des agriculteurs. C'est qu'il s'y connaît, le Bruno. Il est né les pieds dans la bouse. Son père Maurice bossait chez Total, pas comme pompiste, comme cadre. Sa mère Viviane Fradin de Belâbre était directrice du lycée privé catholique Saint-Louis-de-Gonzague, dans le XVIe arrondissement de Paris. Après l'ENA, il a épousé Pauline Doussau de Bazignan, qui est devenue, loin des étables, son assistante parlementaire. On sent que l'ex-ministre n'a pas dû souvent mener la vache au taureau, ni même gagner l'école à travers champs.

Pourtant, Bruno Le Maire est né à Neuilly-sur-Seine, connu pour ses cultures de colza, ses hectares de céréales, ses poulaillers industriels et ses élevages de bovins. Qui ne s'est pas retrouvé dans sa bagnole, bloqué derrière un troupeau transhumant de l'avenue du Roule à la rue de Bagatelle, ne connaît pas Neuilly. Brice Hortefeux, Frédéric Lefebvre, Georges Tron et Valérie Pécresse sont du cru eux aussi. D'où cette irrésistible envie de leur crier : « La ferme ! »

WATERPROOF

Hollande sous la pluie
et jamais un imper,
lui qui en commet
tous les jours.
Pas un pépin,
lui qui les accumule.

TARTARIN

Copains comme cochons. Hollande se vante de tutoyer Obama en anglais.

POUR QUI SONNE LE GLAS

Nicolas Sarkozy revient pour « remettre l'église au centre du village ». Chez les républicains, ce ne sont pas les cloches qui manquent.

DÉSAFFECTÉE

Filippetti finira seule, aucun site visité par Arnaud Montebourg n'a retrouvé de repreneur.

DESSUS DE TABLE

Dîner officiel Hollande-Merkel : plus ils bouffent, plus on déguste.

Enfermé à vie dans un petit coin, le Canard WC vit un martyre, et BB ne dit rien.

CHOC DES CULTURES

Hollande contre Sarkozy :
À bout de souffle contre
Retour vers le futur !

Sarkozy, tu lui fous une punaise dans le cul, ça fait un pin's.

MAIN DANS LE SAC

Comment appelle-t-on un habitant de Meaux ? Un Meldois. Maire de cette ville, Copé est donc un Meldois d'honneur, Meldois dans le pot de confiture même, s'il a touché du pognon de Bygmalion.

À Marseille, les politiques sont de droite, du centre mais aussi du milieu.

RIEN COMPRIS

Après une déculottée politique, tant à droite qu'à gauche, on sait tirer les conclusions : « Ne changeons rien, surtout pas une équipe qui perd. »

HUMOUR POLITIQUE

Dany a de l'humour : « Avec Valls on a changé le bocal mais gardé les mêmes cornichons… » Il déconne, Bendit !

L'IMPORTANT, C'EST D'Y CROIRE

Hollande péremptoire : « Avant 2017, à défaut de ramener la courbe du chômage, je ramènerai le temps de grossesse à six mois. »

GENDRE IDÉAL

Qui sont les migrants convenables selon Marine Le Pen ? Des Noirs très très blancs, des pygmées de plus de 1 mètre 90 et des musulmans catholiques baptisés à Saint-Nicolas-du-Chardonnet.

VISIONNAIRE

François Hollande : « Un jour les Français me remercieront… » Je sais quand ! Un soir de mai 2017 à 20 heures.

GRANDE LESSIVE

Sarkozy veut une classe politique propre. On va manquer de savonnettes.

CAPITAINE ABANDONNÉ

Hollande garde le cap, hier cap de Bonne-Espérance, aujourd'hui triangle des Bermudes.

MON ŒIL

Marine Le Pen : « Je n'ai pas la même vision que mon père. » Tant mieux !

ENTRE POTES

Plan com' : Hollande, en bras de chemise, entouré de conseillers, appelant Tsípras de son bureau de l'Élysée au soir du référendum.

T'as l'impression qu'il commande une pizza pour ses potes… Quand ça veut pas, ça veut pas.

Marion Maréchal-Le Pen, ce n'est pas un nom, c'est un pléonasme.

WESTERN MODERNE

Les balles sifflent chez les républicains, balles à blanc, balles à dur.

Ce n'est pas un parti, c'est une horde sauvage.

Sarkozy : « Que Juppé se présente, il me rajeunit. »

Fillon : « Les républicains, c'est une mafia. »

Debré : « Sarkozy est une branche morte qu'il faut couper. »

Juppé : « Il vaut mieux un sexa en pleine forme qu'un quinqua amorti. »

Sarkozy encore : « Le Maire terminera en slip kangourou. »

Sergio Leone, sors de ta tombe. Ces gens-là pillent l'héritage. Plus de bons, mais des brutes et des truands.

BONNE NOUVELLE

Chirac va mieux, mieux que Pasqua. Croisant sa copine Line Renaud, il lui aurait lancé : « Comment vas-tu, ma vieille Citroën ? »

MIROIR, MON BEAU MIROIR

François Hollande ne la joue plus perso, il consulte. On a vu François demander conseil à Hollande, et Hollande en faire de même avec François.

PÉTARD MOUILLÉ

Manuel Valls avoue avoir déjà fumé un joint… Enfin il ne sait plus. Ça devait être de la bonne beuh.

FRÈRES ENNEMIS

Sondages : ça se resserre entre Sarkozy et Juppé. Le mois prochain, nous apprend l'Ifop, le premier pourrait sauter le second. Vu la tronche des parents, faudra sans doute noyer l'enfant.

DÉBOUSSOLÉ

En 2015, François Hollande suit pas à pas son agenda 2012.

Nous avons un président Quo vadis.

Quo vadis, *ce qui veut dire : « Où vas-tu ? »*

Tout son programme…

Hollande, contre vents et marées. Il a passé son permis bateau sur un Optimiste.

COMMENT QU'TU CAUSES ?

Sarko, l'auteur de « Casse-toi pauv'con... Descends en bas, si t'es un homme... Si y en a que ça démange d'augmenter les impôts... Le ministre il a dit... On se demande c'est à quoi ça leur a servi... », Sarkozy ne veut plus que l'on malmène la langue française. Pour l'exemple, il devrait se mettre au mime.

RÉINCARNATION

François Hollande, c'est Jeanne d'Arc. Elle entendait les voix, il les attend. Elle est morte brûlée, il est déjà cuit. La pucelle qui serait selon certains historiens un homme porté sur les hommes. « Il » n'aurait pas bouté mais brouté les Anglais.

PRÊTS À TOUT

Le politique aime se faire surprendre par le photographe en un endroit insolite, cassant son image. Être là où l'électeur ne l'attend pas. Giscard jouant de l'accordéon, Hollande pilotant un scooter. Demain pourquoi pas Boutin dans un institut de beauté, Hervé Morin dans une école, Mélenchon chez Hédiard, Marine Le Pen dans une boucherie halal... Il évitera le Pôle emploi, qui traduirait un manque de confiance en son programme.

PAVÉ DANS LA MARE

Front national :

mieux que le Titanic,

la Marine nationale

touchée (coulée ?)

par un menhir.

Si l'on payait nos élus au mérite, il y en a beaucoup qui gagneraient moins.

HÉRITAGE

Thomas Le Drian, fils du ministre de la Défense, nommé au directoire de la Société nationale immobilière. Pistonné ou pas, le patron de Le Drian fils fut, c'est un hasard, décoré de l'ordre du Mérite six mois avant l'embauche par Le Drian père. On appelle cela souffrir d'une sarkozyte aiguë. Vivement que la gauche revienne !

Président normal, il envoie nos troupes au Nord Mali ; Président naturiste, nos soldats seraient à Abou Dhabi.

PAS DE CHANGEMENT DANS LE CHANGEMENT

Un quinquennat, c'est toujours pareil : d'abord le nouvel élu connaît un état de grâce, puis très vite le peuple demande grâce à l'État.

MONDE

GORGE PROFONDE

Chelsea Clinton est restée fille unique, Monica ayant avalé tous ses frères et sœurs.

BONNET BLANC ET BLANC BONNET

2 millions de dollars par an, c'est ce que la Chine facturerait pour les deux pandas qu'elle a mis en pension en France. Il revient moins cher de louer deux Panda chez Hertz.

DANSE DES SEPT VOILES

Hollande reçu tel un roi en Arabie saoudite. Les mecs espèrent qu'il va leur apporter la pluie. Surprenant de voir le président du pays des droits de l'homme parader au royaume des interdits de la femme.

GOD SAVE THE QUEEN

Protocole. Elizabeth II ne mange pas de cheval par respect pour un animal qu'elle adore, pas de boudin non plus, par respect pour Camilla qu'elle aime.

YIN ET YANG

Métro fermé, avenues barrées, Paris se souvient du grand embouteillage dû à la visite du président chinois Ping, qui était heureusement venu sans Pong.

Mort du mollah Omar. Son bras droit lui succède, enfin, sa pince droite.

Voeu de pauvreté. Le dalaï-lama ne peut même pas s'offrir une manche droite.

Le protocole interdit de toucher la reine d'Angleterre ; il faudrait déjà en avoir envie...

GAYTTO

Dans bon nombre de pays arabes,

l'homosexualité est un délit

passible d'emprisonnement,

voire de la peine de mort :

les femmes à voile, oui !

Les hommes à vapeur, non !

Cher journal

Grandes oreilles

Ayant entendu parler d'une histoire de grandes oreilles en plein Paris, j'ai cru tout d'abord à une rencontre officielle entre le prince Charles et François Bayrou, ces gens n'ayant pas passé leur tour lors de la distribution de feuilles de chou. Ce n'est que bien plus tard que j'ai compris qu'il s'agissait d'une sombre histoire de fous à lier ou d'alliés fous : nos amis yankees écoutant en loucedé ce qui se dit dans nos palais nationaux, via un matériel planqué place de la Concorde, sous une bâche de camion avec fenêtres en trompe-l'œil. Un camouflet pour Valls demandant la moralisation du renseignement et de l'espionnage le jour même où il initiait une loi permettant de braconner nos mails, SMS et MMS.

Je résume la pensée de Valls, qui chaque jour a des pensées nouvelles sans jamais que l'on sache vraiment ce que les nouvelles pensées de Valls deviennent. « Si écouter les Français d'en haut est un scandale, écoutez les Français d'en bas est une nécessité. » Convocation de l'ambassadrice des États-Unis chez Fabius afin qu'il la sermonne méchamment :

« Excellence, excusez-moi de vous demander pardon, mais il n'est pas gentil d'écouter aux portes…

– *Fuck, fuck, fuck the Frenchies !*

– Merci, madame, d'avoir été si compréhensive… »

De son côté, Valls continuait sur sa lancée :

« Espionner nos amis, c'est pas nous qui ferions ça… »

Je veux bien le croire, comment pourrions-nous écouter ce qui se passe dans le Bureau ovale quand, lorsque mon voisin de palier m'appelle, je n'entends qu'un mot sur trois ?

Sont cons ces Américains qui ont du temps à perdre à écouter Chirac, Sarkozy et Hollande alors que, tous les Français vous le confirmeront, ils n'ont jamais rien eu d'intéressant à dire. Vous imaginez la NSA passant des heures à espionner les Chirac :

« Jacques, la prochaine fois que vous sortez acheter de la Corona, emportez les consignes, c'est de l'argent qui dort… »

À espionner les Sarkozy :

« Chef, je n'entends rien…

– Normal, c'est Carla qui parle. »

À espionner François Hollande :

« À tout de suite, ma Julie, le temps de sauter sur ma Vespa… Je pète la forme et ne cesse de penser à Fernande… »

Sont cons ces Américains, claquer des fortunes en écoutes, sans même solliciter les services de Pascal Bonnefoy, *The Bettencourt's Boy*, et de Patrick Buisson. Un Dictaphone, deux piles, une cassette, et le tour est joué. Zéro budget !

Et puis écouter la France de Hollande, c'est l'assurance de prendre trente ans de retard sur tout ce qui fait l'Amérique d'aujourd'hui :

Ils ont Stevie Wonder, on a Gilbert Montagné.

Ils ont Madonna, on a Mireille Mathieu.

Pire, ils ont Clooney, et nous, nous avons qui, nous, pour faire du bon café ? Grand'Mère, qui n'a pas attendu la naissance du beau George pour se faire percer la capsule !

LITTLE FRENCH MAN AND BIG JIM

Obama-Hollande, 80 centimètres les séparent en hauteur.

D'un côté, vous avez la baraque, de l'autre, la cabane au fond du jardin. Hollande sur le balcon de la Maison-Blanche entre les Obama : les Américains ont cru que le couple présidentiel venait d'adopter un nain de race blanche...

FORMATION DE SECOURISTE

Angela Merkel victime d'un malaise lors du festival d'opéra de Bayreuth. Aucun volontaire pour le bouche-à-bouche.

ÇA VA EMPIRER

Athènes reçoit des milliards de l'Europe : les clodos de demain prêtent aux clodos d'aujourd'hui. Tout sera remboursé aux calendes grecques, promis juré sur la tête de... Demis Roussos.

MADE IN FRANCE

Qataris, Saoudiens, Chinois, Indiens, Américains, Allemands n'ont pas compris Hollande. Il a dit : « Achetez français », pas : « Achetez la France. »

ESPÈCE MENACÉE

Pêche à la baleine à bosse interdite au Japon. Raffarin respire.

CATHARSIS

Elle a tout inventé, la Grèce ! La démocratie, la philosophie, la comédie et la tragédie surtout. Regardez Nikos.

Tourisme Angela Merkel. Même en levrette, t'as pas envie de passer le Rhin.

Le scoutisme américain s'ouvre officiellement aux homosexuels ! Des années qu'ils étaient dans l'attente.

À quoi reconnaît-on un chef de cabinet en Turquie ? Il vit accroupi.

IL NE LEUR MANQUE QUE LA PAROLE

Le Danemark vient d'interdire la zoophilie, la Petite Sirène – fruit des amours d'un marin et d'une morue – pleure. Certains pays comme la Hongrie, la Roumanie et la Finlande l'autorisent encore. Paradis du père Noël. On imagine ce que ce vieux lubrique fait à ses rennes les 364 jours où il ne bosse pas et voilà pourquoi il n'y a pas de mère Noël.

Ne pas confondre zoophile et je file au zoo...

CUCUL CLAN

George Bush a dit :

« De plus en plus de nos importations viennent de l'étranger... La troisième des priorités est de donner la première des priorités à l'enseignement... Notre nation doit s'unifier pour se réunir... Le niveau d'illettrisme de nos enfants sont scandaleux... Il faut garder de bonnes relations avec les Gréciens... »

Son frère ne vaut pas mieux, il s'est gouré dans sa déclaration de candidature : il a coché la case « Je suis hispanique ».

Réaction de Bill Clinton, mari de la candidate à la primaire démocrate ? Il a ri.

BOURSE
MATES
THON
BANANE
C'EST MARRANT LA VIE, QUAND LE THON MONTE, LA BANANE BAISSE !

ÉCONOMIE

REDRESSEMENT FISCAL

Les prostituées sont perdues, la faute aux barèmes de la TVA ; les voilà – ce qui est exceptionnel chez elles – paniquées. « Bernard, me disent-elles, si je recrache après une fantaisie buccale, 5 % de taxe, si j'avale, 7 %, c'est alors considéré comme de la restauration sur place... » Pour les consoler je leur fais remarquer que, dans les deux cas, c'est le client qui a été redressé.

MOTHER FUCKER

42 euros par an, c'est le cadeau de Valls à nos retraités. 42 euros ! Valls appelle ça un coup de pouce, les retraités appellent ça un doigt.

ET KRACH LA PIERRE

Chute des prix dans l'immobilier : je me suis endormi au 6e, réveillé au rez-de-chaussée.

JEU, SET ET MATCH

Croyez-vous que ceux qui nous gouvernent bataillent pour terrasser la crise, inverser la vertigineuse courbe du chômage, assurer l'avenir de nos enfants, rendre le quotidien meilleur ? Pas du tout, une seule question les obsède : comment ajouter des taxes aux taxes, faire les poches du travailleur, bouffer nos économies jusqu'au dernier centime d'euro ? Question racket, c'est tous les jours Roland-Garros.

Ce matin en me levant,
j'ai déjà donné 20 euros à la Grèce.
Ça vous met la vaseline hors de prix.

JURÉ CRACHÉ

2017 sera l'année

de la reprise,

Hollande l'a juré

sur la tête de Sarkozy.

Obligation de rembourser les Mistral : nos ronds dans l'eau.

En France, quand le plan A
ne marche pas, on passe au plan B,
et ainsi de suite jusqu'au plan T.

On a livré un escabeau à
l'Élysée, Hollande voudrait-
il prendre de la hauteur ?

ÉCONOMIE DE L'ÉLASTIQUE

Licenciements chez Dim.
Y a des hauts et des bas.

VIVEMENT DIMANCHE

Travailler ou pas le dimanche ? Est-ce la bonne question, alors que 4 millions de Français aimeraient déjà travailler tous les autres jours de la semaine ?

BOULE DE CRISTAL

Derniers chiffres du chômage : youpi ! Il y a de la baisse dans la hausse. C'est mieux que si c'était pire.
D'après Michel Sapin, tout devrait s'arranger en 2035...
Ce n'est plus une prévision, mais une prédiction. Michel Nostradamusapin lit dans les boules, nous, on les a...

CAHUZAQUERIE

Alzheimer bancaire. Nombre de Français ne se rappellent pas posséder des comptes en Suisse. On veut nous faire prendre l'Helvétie pour des lanternes.

P-DG et SDF : le P-DG change de Mercedes tous les jours, le SDF change de porche toutes les nuits.

Macron à l'économie. On nous promettait Mozart, on a eu Clayderman.

LES SANS-DENTS

À quoi bon avoir des dents ?

Le pauvre ne joue pas au bridge.

DEUX POIDS, DEUX MESURES

Alors que l'on nous demande encore et encore de nous serrer la ceinture, qu'apprend-on ?
Que les primes coulent à flots dans les cabinets ministériels.
450 membres d'équipes ministérielles se partageraient 12 millions...
On ne parle plus de primes de cabinet, mais de grosses commissions.

DEVINETTE

Impôts.
Combien avez-vous gagné ?
Combien avez-vous dépensé ?
Qu'est-ce qui vous reste ?
Envoyez-le !

ENVERS ET ENDROIT

Si demain Hollande annonce l'inversion de la courbe du chômage, c'est qu'il tiendra la feuille à l'envers.

*La France compte encore 416 niches fiscales, ce n'est plus un pays mais un chenil.
416 niches fiscales, vivement que la gauche revienne !*

Plus le blé augmente,
moins les Français en ont.

TANT PIS(PI) POUR ELLES

Les dernières dames pipi vont perdre leur boulot, les toilettes parisiennes étant vendues à une société néerlandaise qui transformera les lieux en fast-foods, boutiques de souvenirs et W-C éventuellement. Interpellé, Hollande prend le problème en main. « Laissez pisser », conclut-il. Les petites dames n'auront pas de retraite, toute une vie payée en liquide, l'état s'en lave les mains.

Hier on est rentrés dans l'Europe,
demain c'est l'Europe qui
nous rentrera dedans.

Cher journal

Licence 4 %

Connaissez-vous le compte Nickel ? C'est un compte en banque que l'on peut ouvrir dans un tabac, en achetant ses clopes. Ça vise les ados qui ne comprennent plus rien. D'un côté, on les éloigne en mettant le paquet de cigarettes au prix du kilo de caviar, de l'autre on les attire, leur permettant d'obtenir une carte de crédit en un éclair. Les tabacs étant souvent doublés d'un bistrot, j'entends déjà les conversations :

« Et pour toi, Riton, ce sera quoi ?

– Un paquet de blondes, un verre de gros-plant, et puis tiens en parlant de gros-plant, ouvre-moi un épargne logement… »

« Patron, un demi pression !

– Pas ce soir, votre compte est à découvert… »

N'oublions pas les familles honnêtes :

« 22 heures ! C'est à cette heure-ci que tu rentres, t'étais encore au bistrot ?

– Pas du tout, je négociais avec mon banquier, je suis dans le rouge !

– Vu ton haleine, t'es dans le rouge, le blanc, le rosé et le jaune… »

GRAND INTENDANT

L'Élysée rogne sur les frais de bouche.
Dernier menu servi à un hôte étranger :

Quenelles de foie gras aux truffes du Périgord

Suprême de turbot sauvage aux deux bisques, homard et oursin

Agneau de pré-salé et ses petits légumes du potager royal de Chambord

Ronde des fromages de région

Fraisier au Grand Marnier

Le tout arrosé de château-yquem,
chablis grand cru, cheval blanc,
Taittinger cuvée de tête et Badoit fines bulles

Par économie Hollande fait supprimer la Badoit.

Sarkozy et Hollande jurent de réussir la croissance, eux qui ont raté la leur.

Quand j'imagine mes impôts 2016, je me dis que cette année j'ai versé les arrhes.

La France pourrait finir comme la Grèce et le Portugal… Pour m'habituer, j'apprends à danser le sirtaki et me laisse pousser les poils sous les bras.

CITOYENNE MODÈLE

Le jour où Valérie Trierweiler va payer ses impôts, les Français pourront lui dire : « Merci pour ce moment ! »

CASSE-NOISETTES

Le livret A baisse encore. Arrêtons de tirer les noisettes de l'Écureuil !

CASSE AUTO

Scandale ! L'armée française achète 1 000 véhicules tout-terrain à Ford, constructeur américain. Arnaud Montebourg en est tombé de sa chaise Habitat. Aucun achat n'avait été réalisé depuis les Peugeot P4 mises en service en 1983… Ce n'était plus une armée mais un rassemblement de voitures de collection.

CHUTE DU COURS DE LA BIÈRE

On ferme des casernes, mauvaise nouvelle pour Kronenbourg.

Si t'es fauché, balade-toi sur les trottoirs de l'Élysée. Le Président y jette l'argent par les fenêtres.

*Le Foll, ministre de l'Agriculture, à un maraîcher :
« Ils sont beaux vos radis,
ce sont des gariguettes ou des goldens... ? »*

*Français les plus riches :
Arnault devant, Pinault derrière.*

*RSA : Rien dans Son Assiette.
TVA : Tout Va Augmenter.*

VIE DURAILLE

Vente de Rafale, les carnets de commandes pris d'assaut. Hollande veut vendre nos TGV à Cuba, il a entendu parler des six gares de La Havane.

PÉRIL JAUNE

Tous les produits viennent d'Asie. Mon presse-purée, j'écrase des pommes de terre, il en sort des nems.

SOCIÉTÉ

Cher journal

Nos amies les bêtes

56 % des foyers français possèdent un animal de compagnie, vite encombrant car fruit d'un achat compulsif :

« Bon, donnez-moi 1 kilo de pommes de terre, un paquet de riz, des yaourts. Ils sont beaux vos chihuahuas cette semaine ?

– Oui, ils ont à peine 2 mois. J'ai reçu du chat angora aussi, et des poissons rouges dans leurs bocaux… Le tout en promo, si vous me prenez les trois, payables en soixante mois, la maison vous offre un hamster.

– Bon ben donnez-moi le tout, ça occupera les gosses. »

À la veille des vacances, le poisson partira avec la chasse d'eau, le chat deviendra nem dans un chinois du coin, et le chihuahua attendra la fourrière attaché à une bite, face au tabac du quartier. Quant au hamster, une occlusion intestinale l'a stoppé net, alors qu'il attaquait son deuxième kilomètre de fil électrique.

Les refuges débordent d'animaux.

Mais il y a pire, l'abandon des vieux, parlez-en à la SPA, « Société Protectrice des Anciens ».

J'ai vu, sur une aire de service de l'A6, un vieillard ligoté à une table de pique-nique :

« On t'attache, papy, car avec ton Parkinson, tu vas foutre des miettes partout et tacher ta chemisette. »

Et les enfants de prendre la poudre d'escampette. Voilà pourquoi, sauf à Cannes, on ne croise plus de vieux sur les lieux de vacances.

Pas un sur le trampoline du club Mickey, pas un non plus faisant du ski nautique ou du kitesurf.

Aussi serait-il temps de lancer l'opération « Adoptez un vieux ».

Je l'ai fait au refuge de l'avenue Poincaré, près du Trocadéro, choisissant un ancien, 86 ans bien portés, costume prince-de-galles, chaussures Berluti et Légion d'honneur… Gâteux mais classieux. Après l'avoir placé sous curatelle, ses petits-enfants me l'ont laissé avec ses options : couches, tube de Polident, fond d'eau de Cologne et sa litière de nuit, car il est très propre, jamais hors de sa caisse. Faut le voir, après, gratter la sciure avec son pied, en en balançant un peu partout, sa jambe droite partant en sucette. Le soir, je le sors autour de la maison, ça attire les mamies adoptées par d'autres.

« On peut le caresser ?

– Bien sûr, il mord pas, il n'a plus de dents ! »

Et pour les vacances, pas d'embouteillages, je loue un appart, pour ne pas le dépayser, quai Branly.

Je crois à la réincarnation : quand j'entends ce que j'entends, il faut vivre au moins deux fois pour être aussi con.

MARIAGE GAY

Les temps changent.

Le gosse rentre sans frapper dans la salle de bains et découvre son père à poil.

« Oh papa, tu as une grosse bite ! »

Et l'autre de lui répondre :

« Attends de voir celle de ta mère… »

Fin août, 565 kilomètres de bouchons. La France cramoisie reprend lentement le chemin de Pôle emploi.

Cher journal

Romantisme

Je hais les mariages, leurs concerts de Klaxon nous indiquant que ce soir Kevin va niquer Ginette. Mais avant de se marier faut en faire la demande, originale si possible. Gros succès pour le Grand Stade de France et ce programme proposé par une agence événementielle :

On vous y conduit en limousine anglaise. Là, y a intérêt à fermer les vitres et griller les feux rouges. Traverser le 9 cubes en limousine, c'est chercher la petite bête, les jeun's étant plus rosses que Royce.

Arrivé au stade, vous passez le corridor avec votre future. Vous assurez de l'absence de Ribéry et Benzema, car là vous repartez seul.

La demande est faite sur les écrans géants :

« Pamela, veux-tu m'épouser ? Ton Kevin qui t'aime… », sous les applaudissements dcs 80 000 spectateurs virtuels.

Vous aurez alors le droit de grimper… dans les gradins, de tirer un coup… de pied dans le ballon.

C'est, nous dit l'agence, un gage de fécondité. Ne parle-t-on pas du stade et son enceinte ?

Cette sauterie vous en coûtera 10 000 euros, payables par prélèvements mensuels.

Vous paierez encore le crédit cinq ans après le divorce.

GROSSESSE GELÉE

Apple veut congeler les ovocytes de ses employées pour éviter leur absence. Vous imaginez les conversations à l'école : « C'est quoi ton prénom ? – Johnny. – Et toi ? – Häagen-Dazs... – Je vois ! Ta mère bossait chez Apple... »

PAPY-BLUES ?

L'âge de la retraite : on parle de 65 ans, 68 ans... L'espérance de vie s'emballant, j'ai entendu 75 ans. La retraite à 75 ans ! La gueule des pots de départ : verveine et Blédina. Imaginez nos entreprises avec des employés septuagénaires !

Dans la cour, des parkings pour déambulateurs, l'hôtesse d'accueil hors d'âge sous un panonceau « Parlez fort », la salle d'attente avec, sur sa table basse, ses revues à thème pour le 5e âge : « Pour ou contre la baignoire à porte ? », « Ne jetez plus, mesdames, les chaussettes de vos maris, faites-en de superbes soutiens-gorge », « La masturbation facile grâce à Parkinson ». Pourquoi pas. Si la masturbation avait été un péché, Dieu nous aurait créés avec des bras plus courts.

CGT, CFDT, FO, SUD, CGC, UNSA...
50 nuances de grève.

SÉVICES PUBLICS

Vu et entendu, un jour à Paris :
« Pardon, m'sieur l'agent, pour aller gare Saint-Lazare...
– C'est simple, vous suivez la manif des agents de l'EDF, vous tournez à droite au rassemblement des infirmières, vous dépassez la marche des retraités en colère, vous évitez le sitting des instituteurs, contournez l'opération escargot des taxis, et arrivé aux barrages des routiers, c'est la gare Saint-Lazare. Vous ne pouvez pas vous tromper, c'est là qu'aucun train ne roule. »

Les fonctionnaires ne font rien, mais quand ils se mettent en grève, il n'y a plus rien qui marche... Sauf les Français.

FICTION PUBLIQUE

Sous un tas de catalogues publicitaires – c'est fou ce que Picard, Bricorama, Monsieur Meuble, Pizza Rapido, Sushi Quick, et j'en passe peuvent m'écrire –, un avis de recommandé se cache dans ma boîte aux lettres.
Aujourd'hui nos préposés sont digicodophobes, sonnettophobes, escalierophobes, ascenceurophobes,
bref feignassophiles, ne trouvant la porte de mon domicile qu'au moment des étrennes pour me fourguer un calendrier avec photo de chiots, transformant ma cuisine en chenil...
Les services publics, c'est « Démerdez-vous ! ».

Cher journal

Le tribunal de Valenciennes a refusé les prénoms Fraise et Nutella, preuve que la connerie parentale est abyssale. Appeler sa fille Fraise, passe encore si elle a été conçue lors d'une partie de Tagada, il existe déjà de nombreux prénoms végétaux : Fleur, Capucine, Rose… Comment oublier encore les célébrissimes Jacinthe, Anémone, Valériane de Giscard transformant l'ex-Président en gérant de magasin Gamm Vert ? Mais Nutella, c'est autre chose, à moins que les parents ne s'appellent M. et Mme Patatartiner. Nutella, c'est l'assurance d'avoir une fille empotée. Pourquoi pas Nesquik, Vache-Qui-Rit ou Ferrero ? Un prénom à devenir ambassadeur sur le rocher, à Monaco. À rappeler que Cécile Duflot est maman d'une petite Térébenthine. Imaginons les scènes en famille :

« Térébenthine, mange ta soupe si tu veux être aussi grande que tes frères K2R et White-Spirit. »

Rappelons-nous encore que la famille Clette avait prénommé sa fille Lara. Lara Clette, nous avions affaire à de grands fondus.

Neuilly : au pied d'une cité un dealer m'a proposé du Petrossian.

GUERRE DES MONDES

Migrants quai d'Austerlitz au pied des bars et restos branchés : SDF et SDF. Sans Difficultés Financières et Sans Domicile Fixe.

RTT : Refus de se Tuer au Travail.

ALLONGEMENT DE LA VIE

« J'ai croisé ta grand-mère au fast-food...
– Quoi ? Elle mange des hamburgers ??
– Non, elle est venue passer un entretien d'embauche... »

Des noms qui ne trompent pas. C'est Mme Parasol Touraine qui a, cet été, géré la canicule. Michel Sapin présidera les fêtes de Noël.

Mon agence bancaire, c'est l'île du Levant, tout le monde est à découvert.

BRAQUAGE

L'État nous fait les poches ! Quand je croise un ministre, j'ai la trouille. Je lève les mains et hurle : « Prenez-moi tout, monsieur le ministre, mais ne me faites pas de mal... »

MÉTIER D'AVENIR

Un nouveau boulot, Strausskahnologue. On observe les faits et gestes du grand homme. Strauss-Kahn porte à gauche : il va se présenter en 2017. Strauss-Kahn porte à droite : il ne se présentera pas. Strauss-Kahn porte au centre : ses assistantes vont avoir mal aux fesses...

PAUSE-CAFÉ

L'absence de la guichetière de Pôle emploi n'en finit pas, pause-café sans doute. Montre en main, elle a eu le temps de prendre un vol pour Bogotá, sauter dans un car pour les hauts plateaux, parcourir les plantations, discuter le prix au quintal avec le producteur, torréfier les grains, les moudre, remplir les capsules... Pourvu qu'elle ne l'aime pas sucré, il lui faudrait partir pour Cuba, couper la canne...

BUISSON-ARDENT

Si vous demandez l'heure au bois de Boulogne, c'est le buisson qui répond.

PARITÉ

Anne Hidalgo, première femme maire de Paris. Delanoë fut une transition douce.

En France, 24 % des salariés sont fonctionnaires. Pour ne pas les vexer, on parle de population active.

Chronopost à la bourre, Kronenbourg à La Poste.

Il y aurait 372 burqas en France, non 371. La 372e étant une campeuse montant sa tente de l'intérieur.

À Neuilly, les pauvres conduisent leurs Mercedes eux-mêmes.

COMBLE DU COMBLE

Écœurant ! Le commandant du *Costa Concordia* a été invité par l'université de Rome pour donner une leçon de gestion de panique. On rêve ! Imaginerait-on un ancien Président chassé par les électeurs pour avoir coulé son pays donnant dans le monde entier des conférences largement rétribuées pour expliquer comment sortir de la crise ? À quand Strauss-Kahn dans un éloge de la chasteté ?

Cher journal

Une femme de 65 ans enceinte pour la 14e fois et qui attend non pas un, non pas deux, non pas trois, mais quatre enfants… Numéro complémentaire : le 12. Ce n'est plus de l'amour, c'est de l'élevage. Mère à 65 ans, et pourquoi pas 80, 100 ans ?

À continuer comme ça, demain, Giscard pourrait nous annoncer la naissance d'un petit frère. Mesdames, il serait temps de penser à faire une méménopause. Où est le plaisir de coïter avec une pipette ? Les hommes s'étant refusés : « Nous, la grotte Chauvet, c'est pas notre truc… »

On les comprend, si faire l'amour avec un homme de plus de 65 ans reste pour la partenaire et quel que soit son âge – disons 25-30 ans – un moment d'extase recherché, faire l'amour avec une plus que sexagénaire tient de l'exploit. Seul un kamikaze, un spéléologue ou un détenu libéré après une longue peine peuvent tenter la chose.

Mais revenons à la vieille pondeuse réformée de chez Lustucru. Plutôt qu'une pipette, c'est le gynéco fou qui a autorisé cette monstrueuse expérimentation qui aurait dû passer sous la couette avec la dame histoire d'être puni par là où il a péché. Après que le réfectoire de la maison de retraite eut été transformé en salle de travail, j'imagine les gosses nés avec des tronches de vieux : Jacques et Bernadette Chirac la totoche en bouche dans une brassière Jacadi. Vous pensez au choix des prénoms : Adolf, Mauricette, Adémar, Germaine… Je les imagine suçotant le sein maternel, une poitrine fatiguée, le téton frappant sur les rotules : « Il est l'heure de téter maman », tout le monde à quatre pattes façon Remus et Romulus… J'entends déjà les réflexions à l'école : « Tu la sors d'où, ta mère, d'un vide-greniers ? », les mots d'excuses : « Maman s'étant fait piquer son déambulateur dans le local à vélos, n'a pas pu nous accompagner en classe »…

Seul point positif, les courses groupées, pareil pour tout le monde : bouillie et couches. On n'arrête pas le progrès, grossesse tardive aujourd'hui, grossesse posthume demain…

DEVINETTE

Différence entre un frère musulman et une sœur catholique : les deux se font sauter mais la sœur moins souvent.

Cher journal

100 % des femmes seraient victimes de la main aux fesses. Je n'y crois pas. Rien que dans ma rue, si je les regarde bien en détail : jambes, poitrine, lèvres, popotin, yeux… Bof.

Pourtant hétéro à 170 %, même après une longue peine à Fleury, je n'aurais pas, à quelques rares exceptions, envie de balancer la louche. Il faut que nos amies cessent de prendre leurs rêves pour des réalités. Voyons les choses de près. J'emprunte le métro et le bus, pourtant, et ce alors même que je suis un mec plutôt appétissant, jamais mais jamais une femme ne m'a mis la main au paquet, jamais je ne fus dérangé par un sonore : « Alors on baise ? »

Mesdames, vérifier si la ficelle de votre string est bien tendue, en tirant dessus avec la délicatesse du contrebassiste, ne signifie pas agression sexuelle mais inquiétude pour votre confort. Vous caresser un sein ne veut pas dire pelotage effréné mais simple contrôle pour savoir si vous n'avez pas oublié votre soutien-gorge, voyons… La secrétaire d'État chargée des droits de la femme, qui veut prendre des mesures, prouve qu'elle n'a rien compris en imposant :

« Arrêt à la demande des bus de nuit… »

J'ai pris celui desservant le bois de Boulogne. Voyageant auprès de la jolie Roberto, qui stoppait le véhicule tous les 100 mètres pour entrer dans les buissons. Peu pratique pour les usagers voulant se coucher tôt.

« Distribution de bromure dès la maternelle… »

Rares sont les mamans de 3 ans.

« Fin des publicités sexistes dans les transports. »

Disons-le tout net, plus de pubs du tout, les femmes dénudées étant partout. De là à imaginer que cela excite le chaland, faut l'esprit tordu de Pascale Boistard pour le croire.

Écouter et voir des slogans pour le camembert Président ne me poussera pas à voter en 2017.

PARISIEN, CROTTE DE CHIEN

Crotte de chien et chewing-gum sur le trottoir, voilà les ennemis de la mairie de Paris. 162 euros la crotte, 183 euros la pâte à mâcher. C'est cher. Imaginez ce que vous devriez payer si vous possédiez un chien qui mâche du chewing-gum.

MONOPOLY DU CŒUR

Devant prendre le train gare du Nord, je décidai de m'y rendre en voiture.

1ER FEU ROUGE : Un bataillon de miséreux se jette sur ma bagnole, des bouteilles à la main contenant un liquide d'un jaune pisse. Ça moussait, certes, mais ma main à couper que ça n'était pas du lave-vitres. Ils empoignent mes essuie-glaces, me barbouillent le pare-brise... « Non, non ! », hurlai-je. Effrayés sans doute par mon quintal de muscles, ils s'arrêtent, tendant la main tout en foutant des coups de tatane dans mes jantes... Je leur donne 1 euro.

2E FEU ROUGE : Une femme n'ayant plus l'âge d'être maman, un nouveau-né dans les bras : « J'ai faim, m'sieur, mon bébé aussi... » Pensant à mes gosses vautrés sur un canapé Roche Bobois, jouant à *Grand Theft Auto V*, je lui donne 2 euros.

3^E FEU ROUGE : Une jambe, une seule et deux béquilles... 4 euros.

4^E FEU ROUGE : Un bras un seul, mais deux jambes... 3 euros.

5^E FEU ROUGE : Plus de bras du tout, je lui plante une clope entre les lèvres. Il m'engueule car je fume des menthols, des « pipes de tapette » ! Je lui présente mes excuses, lui demandant sa marque préférée, et lui promets d'en acheter pour le jour où je repasserai par là.

6^E FEU ROUGE : On gratte à ma portière, une touffe de cheveux sales apparaît derrière la vitre... 5 ans à peine, la petite sœur est assise de l'autre côté de la rue, le nez dans les flaques... 7 euros.

Après les restos, la mairie de Paris invente les autos du cœur.

Cher journal

Dans le cadre d'une réorganisation du travail des employés de La Poste – accoler les mots «travail» et «Poste» peut, je sais, faire sourire, cela paraît aussi étrange que Paimpol et soleil, Kate Moss et cellulite… La particularité de tous les bureaux étant de sembler fermés même quand ils sont ouverts, La Poste cherche donc à occuper ses gens, les Français préférant tapoter tweets, mails et SMS plutôt que de glisser une lettre dans ces boîtes jaunes situées tellement loin de leur domicile qu'il paraît plus rapide de la porter soi-même à son destinataire.

Assassinés, Tati et *Jour de fête*, place au super-préposé. Le mec ne va pas chômer, il devra désormais expertiser les dégâts des eaux, constater un vol en lieu et place de la gendarmerie, livrer des médicaments, ouvrir un compte en banque, proposer une assurance et, éventuellement, s'il y pense, vous donner votre courrier… Comme le dit mon concierge, un gars qui n'a pas fait Nobel : « Il n'aura même plus le temps de baiser ma femme en passant, obligé de le faire moi-même… »

Une expérience sera tentée à Neuilly-sur-Seine, où les facteurs proposeront un service de visite à domicile pour personnes âgées en état de fébrilité. J'imagine déjà les potes de Besancenot chez Mme Bettencourt lui posant des bigoudis chauffants…

Je voudrais dire au patron de La Poste que l'usager se fout de ces super-facteurs, il veut tout simplement :

- ne pas avoir à poser trois jours de congés pour aller retirer un recommandé que personne ne retrouve ;
- que quand on arrive au guichet, l'employé ne s'enfuie pas dans l'arrière-boutique comme si on lui faisait peur ;
- qu'il y ait un employé par guichet et non pas un pour huit guichets fermés pour cause de maladie contagieuse (à qui faire croire qu'à deux ans de la retraite on chope encore varicelle, rougeole et oreillons ?) ;
- enfin que La Poste redevienne La Poste et non pas le grand bazar d'Istanbul, où tout se vend sauf des produits postiers.

Sinon gare au dégraissage, ils sont aujourd'hui cinq postiers pour faire le boulot d'un seul, ils pourraient être demain un seul pour faire le boulot de cinq.

L'Administration, c'est comme au Mikado, c'est le premier qui a bougé qui a perdu.

LÂCHE TON SUDOKU ET VIENS DÉCOUVRIR MA CHAMBRE DE LA DOULEUR, GRAOUUU !
LA DOULEUR, JE LA CONNAIS, JE T'AI ÉPOUSÉ !!!

SEXO

Ma femme balance : « J'ai épousé l'obélisque, je dors aujourd'hui avec la tour de Pise. »

ZOOLOGIE

Cougars : Femmes âgées sortant avec un petit jeune pour qu'il leur mette un coup dans le train, d'où leurs noms, cougar Saint-Lazare, cougar de l'Est, cougar d'Austerlitz…

PHILHARMONIE

Le bonheur du mélomane : se faire, au bois de Boulogne, tailler une flûte, dans une allée traversière, non loin de l'avenue Mozart et en être enchanté.

TROMPE-COUILLON

Et voici le « Wonderbra Nipples », à effet tétons qui pointent sur deux mamelons en plastique façon tee-shirt mouillé. Wonderbra invente la bimbo Ikea, à monter soi-même à partir d'une planche à pain. Et pour nous les hommes, rien pour tromper le regard des nanas. Je veux les slips Wondercouilles ?

SERIAL LOVER

Ségolène, Valérie, Julie…

Hollande passe des

échecs aux dames…

Trois jolies femmes amoureuses

du Casanova de Tulle,

un grand espoir pour

les hommes moches.

Je lui dis merci !

Cher journal

Des chercheurs anglais l'affirment, les femmes seraient au top de leur beauté durant deux heures et trente-six minutes chaque jour. Ayant partagé le quotidien de nombreuses conquêtes, je peux vous le dire, il me semble que les chercheurs se gourent, c'est beaucoup moins… J'ai alors voulu vérifier auprès de ma compagne, la suivant partout un chronomètre à la main, ne la quittant pas des yeux, ce qui ne manqua pas de l'interpeller :

« Que se passe-t-il, mon gros chaton, dix ans que tu ne m'as pas regardée ainsi… Pourquoi cette attention soudaine ? »

Feignant la surdité, j'ai mené l'enquête.

7 HEURES : Un dernier ronflement façon Harley-Davidson lancée plein pot, elle essuie le filet de bave qui colle à l'oreiller, s'étire en flatulant et me fait, son rouge à lèvres étalé d'une oreille à l'autre, un sourire d'un jaune éclatant. Elle est moche.

9 HEURES : L'abricot en plein courant d'air, elle cherche sous le sommier sa culotte, pas Petit Bateau mais gros paquebot. Elle quémande un câlin, feulant telle une lionne en chaleur, et me propose un café réchauffé. Elle est moche.

10 HEURES : Elle fait le lit, passe l'aspirateur, bat les tapis, javellise la caisse du chat, sort le chien. Elle est moche.

12 HEURES : Assis à table, j'attends qu'elle me serve. Le nez sur la friteuse, elle transpire à grosses gouttes, grimace en retirant le bouchon de la bouteille. Visage rouge violacé sous l'effort. Elle frise l'attaque cardiaque. Elle est moche.

18 HEURES : Après avoir nourri le chien, changé l'eau du poisson rouge, elle s'active au repas du soir, met à sécher les draps sur le balcon, réassortit mes chaussettes et mes slips, repasse ma chemise du lendemain, me sert l'apéritif. Elle est moche.

21 HEURES : Visiblement fatiguée – allez savoir pourquoi ? – elle balance négligemment ses fringues sur un fauteuil, et se traîne vers la chambre, me lançant d'une voix lasse : « Bonsoir, chéri… » Elle est toujours aussi moche !

Autant vous l'avouer, je n'ai pas trouvé ces deux heures et trente-six minutes de beauté absolue découvertes par les chercheurs.

Il faut pour cela, ajoutent-ils, qu'elle passe quinze minutes sous la douche, vingt minutes à se coiffer et soixante minutes à se maquiller. Qu'est-ce qu'ils veulent, ces chercheurs ? Que je fasse son boulot à sa place ? Seul point d'accord : les hommes, eux, seraient au summum de leur beauté tout au long de la journée.

Voilà des chercheurs qui trouvent…

ESCROQUERIE À LA MARCHANDISE

Culottes amincissantes, gaines,
soutiens-gorge rembourrés, faux culs…
Le jour tu vis avec Eva Longoria,
la nuit, tu dors avec Susan Boyle.

J'arrive à un âge où je ne peux plus
jouer qu'à touche papy.

POÉSIE

Le lundi, je baise en levrette,
Le mardi, je baise en lapin,
L'mercredi ? Je fais minette,
L'jeudi, je m'tape un copain,
L'vendredi, je fais feuille de rose,
L'samedi, je fais 69
Et l'dimanche, je me repose
Pour fabriquer du foutre neuf…

PIÈGE À FILLES

Hollande, officiellement trois nénettes au compteur. Les femmes ministres serrent les fesses, portent des pantalons et suçotent des pilules du lendemain.

Sarkozy tient toujours la main de Carla, il a peur qu'elle ne s'échappe.

TOMBÉES DU LIT

Aimeriez-vous coucher avec DSK ?
- 20 % des femmes répondent oui.
- 15 % des femmes répondent non.
- et 65 % répondent plus jamais.

ZÉBULON

Moi je surnomme

mon sexe Sarko :

il est tout petit mais

toujours très excité.

Cher journal

Sur-mesure

Il y a quand même des mecs qui font des boulots futiles. Prenez le Pr David Veale du King College of London, loué par la presse internationale, que croyez-vous qu'il fasse ? Recherche contre le cancer, mucoviscidose, maladie de Parkinson ? Pas du tout. Il consacre sa vie professionnelle à mesurer des pénis, non pas qu'il arrondisse ses fins de mois en bossant chez Éminence, il les mesure afin d'en définir la taille normale et de décomplexer les hommes souffrant de dysmorphophobie, cette peur démesurée d'un défaut corporel. « Ai-je un cerveau de taille normale ? », le mâle s'en fout, mais « Ai-je une petite bite ? » voilà, la question qui taraude le burné depuis la naissance du monde. Moi je m'en tape, l'ayant perdu de vue depuis longtemps, même s'il est plus agréable d'être surnommé la pompe à essence que le compte-gouttes. Aussi n'est-ce pas une zigounette que ce monsieur a mesurée, pas deux, pas trois, mais 1 500 par étude. Sachant qu'il a pratiqué 300 études différentes, ce sont 450 000 quéquettes qui lui sont passées entre les mains. À raison d'une moyenne de 15 centimètres par engin, ça nous fait 67,5 kilomètres de popaul, la moitié de la distance de la Terre à la Lune… Plus que la grande Lulu n'en verra toute sa vie, même en mourant tricentenaire. Si vous invitez le professeur à dîner, ne lui proposez pas de l'andouillette, ça lui rappellerait le boulot.

Les femmes me surnomment Big Mac. Tout mou, fini en cinq minutes, et elles ont encore faim après.

FIFTY SHADES OF GREEN

Les écolos préconisent des sex-toys en bois brut. Attention aux échardes.

Ou le sex-toy à énergie solaire : une bite en plastique et le panneau solaire dessus, y a pas intérêt à s'en servir à l'envers.

61 % des femmes avouent s'ennuyer au lit. Je ne peux hélas pas être partout.

DOMMAGE…

Christine Boutin :

« J'ai essayé le préservatif… »

C'est son père qui aurait

dû le faire.

MAIS, PASCAL, D'OÙ TE VIENT CETTE ÂNERIE : «IL EST INTERDIT, D'INTERDIRE» ?!?
BAH DE TOI, SUR LES BARRICADES, EN MAI 68, PAPA !

ÉDUCATION

COMMENT ON FAIT LES BÉBÉS ?

Les enfants ont perdu leur innocence, où est cette génération qui croyait mordicus que les garçons naissaient dans les choux ? Je me vois encore refuser de reprendre de la potée, de peur de dévorer mon petit frère. Nous étions cons.

1+1 =3

Le poids moyen des cartables est de 7 kilos. Beaucoup moins si l'on enlève les armes blanches et les armes de poing.

BESCHERELLE TA MÈRE

Najat Vallaud-Belkacem le rappelle aux élèves : les mots « chaudasse », « pouffiasse », « pétasse », « connasse », « bonnasse », « putasse » ne sont pas des imparfaits du subjonctif.

MAJORITÉS

Le Pass prévention contraception

est distribué dès 15 ans.

Pour voter, il faut attendre 18 ans.

Baiser, oui ! Se faire baiser, non !

Cher journal

Les gosses ont de la chance, ils savent tout de l'amour. Titeuf s'en charge, leur expliquant comment se font les enfants. Moi, je l'ai appris à 25 ans, faut dire qu'il n'y avait pas Canal+ et son « Journal du hard », pas encore Internet et que Rocco Siffredi se tirait encore sur l'élastique dans son berceau, ayant par bonheur le bras très long. Notre éducation sexuelle aurait été de surprendre papa dans maman, dans leur chambre la nuit, mais pas fous, les soirs de fusion ils enduisaient la poignée de leur porte de vaseline… Y a pas que maman à être niquée. Les histoires que l'on nous racontait fleuraient bon l'eau de rose :

« Comment ça se fait, un enfant ?

– C'est simple, le papa, tel M. Vilmorin, prend sa petite graine, et la dépose délicatement entre les cuisses de la maman… »

Ce qui donnera plus tard son titre à l'émission « Silence, ça pousse ! ».

1+1
=3

Mon fils est désespéré : « Je ne serai jamais flic, j'ai réussi mon bac… »

Les temps ont changé, ma petite-fille de 5 ans m'a posé la même question :

« C'est simple, lui ai-je répondu, le papa, tel M. Vilmorin, prend sa petite graine et…

– J'ai compris, papy, il prend sa graine et l'enfourne avec sa teub au fond de la teuch de maman… »

Elle avait, avec son école, visité l'expo « Zizi sexuel » et ses stands : la machine à rouler des pelles, le Pubertomatic, le rallye de spermatos et la course à l'ovaire, sans oublier le grand orgue à odeurs…

Une expo utile, mais décriée par nombre de culs serrés, comme le regrette Fleur Pellerin, constatant aujourd'hui, dans la société française, je la cite : « un certain raidissement ». Bien que n'ayant jamais ouvert un livre, elle sait choisir ses mots.

1+1 =3

Sarkozy nous rassure : « Je parle mieux l'anglais quand je l'écris… »

DÉSIR D'AVENIR

Murges titanesques, rototos herculéens, *binge drinking* kamikazes, les jeunes boivent plus que de raison. Ont-ils matière à s'inquiéter, ces futurs bac + 32 qui auront la chance de partir en retraite à 87 ans sans jamais avoir eu à travailler *because* un chômage galopant ? Demandez aux Corses s'ils se piquent la ruche pour autant.

CROQUE-MITAINE

Taubira terreur des gosses. Impossible de jouer à la balle aux prisonniers : avec elle, il n'y aura bientôt plus de prisonniers.

GANG DES COUCHES-CULOTTES

Maternelle vandalisée en banlieue, les coupables ont de 5 à 12 ans ! Les gosses me font peur, je reçois ma petite-fille planquée derrière des sacs de sable. Lancers de petits pots dans la tronche, tentatives d'étouffement par couches, vols à l'arraché de sachets de Dragibus, les adultes ne sont plus à l'abri des violences enfantines. J'imagine les mains courantes : tournante en couveuse, bunga bunga sur puéricultrices, braquage de JouéClub pour quelques sacs de billes... Le père Noël croule sous les demandes, s'arrachant les poils de barbe : grenades, gaz moutarde, drones offensifs, trains électriques chargés de déchets nucléaires. Y a plus d'enfants. Aujourd'hui, Dorothée chanterait pour les fœtus.

ÉLÉMENTAIRE

C'est pas difficile, l'anglais.

À Londres, les gosses le

parlent tout petits déjà.

JUSTICE ET SÉCURITÉ

GUINNESS BOOK

Bruxelles respire, on a retrouvé le slip du bourgmestre dérobé dans le musée du même nom. Si vous allez outre-Quiévrain, visitez le musée du Slip, le mien y est exposé salles 2, 3, 4, 5 et 6.

PAS DE JALOUX

La police française n'est pas raciste : « On interpelle des Arabes, d'accord, mais ce seraient des Noirs, ce serait pareil... »

RETOUR DE FLAMME

Cazeneuve en visite à la caserne Champerret : « Quand le feu s'éteint, le pompier souffle... » Et le feu reprend ?

PIGEON VOLE

La justice demande à Claude Guéant de s'expliquer sur ses deux croûtes évaluées à 50 000 euros et vendues 500 000... Qui est le pigeon ? Un amateur d'art malaisien. Ivoirien serait plus crédible.

CONQUISTADOR

Cazeneuve veut envoyer ses flics là où ils ne sont jamais allés auparavant : écoles, lycées, bibliothèques…

Cher journal

Que fait la police ?

- Le patron du 36, quai des Orfèvres mis en examen pour ses relations avec un ancien préfet fricotant avec un escroc notoire.
- Un grand flic viré pour avoir prévenu un ex-ministre de l'Intérieur d'une perquisition à son domicile, allant jusqu'à lui donner le jour et l'heure.
- Trois hommes de la brigade de Recherche et d'Intervention soupçonnés d'avoir saoulé une touriste canadienne dans le but de la violer.
- 52 kilos de coke piqués et transportés au nez et à la barbe des flics de surveillance.
- Des valises de coke, toujours, transportées par des inspecteurs de la police aux frontières de l'avion à leur voiture sur le parking de Roissy.

Sans parler de Neyret, de la BAC de Marseille, et bien d'autres…

Difficile de trouver quelqu'un le jour où on veut déposer plainte.

Le commissaire ? Il est en garde à vue attaché au radiateur.

Le commandant ? Il est sorti braquer la Caisse d'épargne.

Le brigadier ? Il rackette les kebabs du département.

Le simple bleu ? Il relève les compteurs au bois de Boulogne.

Le seul endroit où l'on croise des flics au boulot, c'est derrière les radars.

Taubira visite la Santé, ils l'ont laissée sortir, dommage.

CHASTETÉ

Sécurité : Cazeneuve jubile, aucune tentative de viol cette année chez les plus de 96 ans.

À ARMES INÉGALES

Plus cons que les CRS, les flics îlotiers : ils passent leurs journées à poursuivre les BMW à bicyclette…

MANQUE DE POT

François-Marie Banier condamné à de la prison ferme. Il serait dommage de finir à la Santé pour avoir floué une femme qui en manquait.

Nostalgique du ministère de la Justice, Rachida Dati dort dans un lit à barreaux.

Affaire DSK. Un coup monté ;
bien monté même.

Guéant, c'est M. Vogica : ce ne sont
pas des casseroles qu'il a au cul,
c'est la cuisine tout équipée.

DÉLINQUANCE JUVÉNILE

On traîne au commissariat des délinquants de plus en plus jeunes. À Marseille, des gosses même, soupçonnés d'avoir tagué les murs de leur maternelle. J'imagine la garde à vue : « Si t'avoues pas, je te confisque ton doudou… Bébert, fais monter de la grenadine et des crocos en gélatine, c'est pour le prévenu… »

Pour autant nos flics ne sont pas dépaysés, c'est un boulot où l'on biberonne beaucoup.

CASQUE D'OR

Conséquence de l'affaire de la rue du Cirque. Depuis deux ans, partout où passe un livreur de chez Sushi Shop ou Pizza Hut, les flics se mettent au garde-à-vous, on ne sait jamais.

CAUSE TOUJOURS

Je n'y comprends rien. Alors qu'autour de moi tout le monde écoute tout le monde, mon portable ne passe que dans... mes toilettes. De deux choses l'une, soit ces gens-là ont un très bon opérateur, soit ils ont des problèmes de transit.

Je résume, les juges écoutent les avocats, les avocats écoutent les procureurs, les procureurs écoutent les policiers, les anciens Présidents sont écoutés par les juges, procureurs, avocats et policiers, voire par d'anciens conseillers, eux-mêmes écoutés par *Le Monde*, *Mediapart*, *Atlantico*, *Le Canard enchaîné*, là encore écoutés par le ministre de l'Intérieur, celui de la Justice et par un personnage plus haut placé encore.

Paradoxe : plus ces gens-là s'écoutent, moins ils s'entendent.

BATAILLE DES CHIFFRES

500 000 manifestants selon les organisateurs,
70 000 selon la police…

Ça fait tout de même 430 000 zozos, la population de Toulouse, que nos flics n'ont pas vus passer. Les mêmes qui détectent à 600 mètres, en plein brouillard, l'automobiliste muni d'une oreillette Bluetooth.

ALERTE ATTENTAT

On recherche toujours le pigeon qui a fienté sur l'épaule de François Hollande lors de la marche pour *Charlie*. En matière de sécurité, Bernard Cazeneuve s'était pourtant surpassé : des flics partout, tireurs d'élite sur les toits, sous-marins dans les flaques d'eau. Mais le danger devait venir du haut d'un marronnier. Une boule de plumes de 200 grammes au plus, déjouant tous les radars. Son petit sphincter positionné face aux grands de ce monde, ploc, ploc et reploc sur la veste présidentielle. Précision rare à plus de 30 mètres, pas une éclaboussure sur le manteau d'Angela Merkel, qui offrait pourtant une belle surface de tir. On tremble à l'idée que la bestiole eût picoré des balles de plomb plutôt que du vieux pain. Comment se nomment les pigeons parisiens ? Les colombins, et en matière de colombins ils ne sont pas ramiers.

Pour avoir l'aide d'un flic, mieux vaut crier « Y a un coup à boire » que « Au secours »…

PLUME DANS LE CUL

M. Cazeneuve autorise nos flics à porter barbe, moustache et tatouages. Nous allons nous faire verbaliser par Village People. Notons que la moustache était déjà autorisée chez les gendarmettes.

CONSOMMATION

À LA VÔTRE

Vente d'alcool interdite dans les stations-service : est-ce que ça gêne vraiment l'automobiliste venu faire son plein de super avec le coffre rempli d'apéros achetés à l'hypermarché voisin ?

La droite excuse le passé trouble de Pasqua : après tout, il travaillait chez Ricard.

ÉNERGIE RENOUVELABLE

Hausse du gaz. Moi qui voulais me séparer de ma femme au prétexte qu'elle pète au lit, elle devient un placement.

Hollande : dites-moi ce qu'il vous manque, je vous expliquerai comment vous en passer.

SANS-PLOMB

Le gouvernement crée un site pour connaître le prix des carburants dans toute la France, et ainsi économiser.

De Paris vous partez pour Menton. Un clic, l'essence est moins chère à Valenciennes, zone commerciale Est : 3 centimes le litre. Vous y filez faire le plein. Puis repartez vers Menton. Rebelote quand vous arrivez à Lyon. Toujours moins cher à Valenciennes… Demi-tour. Le mieux étant alors de passer carrément ses vacances à Valenciennes, zone commerciale entre Auchan et Kiloutou. Qu'est-ce qu'on dit ? Merci, monsieur le ministre de l'Économie et des Finances.

ROULEAUX SUR L'EAU

La mairie de Paris veut gommer la mention « biodégradable » des enrouleurs carton de papier toilette. Insolubles dans l'eau, ils seraient responsables de travail supplémentaire pour les services d'épuration. Ordre de les recycler donc dans la poubelle tri ou compost. Gare aux fraudeurs, la chasse est ouverte.

À chacun son G20, sommet international pour les grands de ce monde, supérette pour les autres.

2.0

La Poste a changé :
« Colette, ce mec est fou, il m'a demandé des timbres, j'aurai tout entendu…
– Et moi, Gilberte, tu ne vas pas me croire, une cliente m'a demandé des enveloppes… Les gens sont fous. »

Cher journal

La crise est partout, même dans les jouets. Nos gosses n'ont plus le droit de rêver. Fini les poupées Barbie, ces bimbos filiformes mais ultra-nichonnées à la longue chevelure blonde et au pétard Kim Kardashian, ces poupées que nous piquions à nos sœurs pour jouer au docteur dans nos chambres, fini donc les Barbie et leur train de vie Bettencourt : tailleur Chanel, villa roi d'Arabie à Vallauris, chalet d'Hallyday à Gstaad, Bugatti Veyron, piscine, yacht, jet privé qui finissaient par coûter cher aux parents, plus cher que la maîtresse de papa… Place à la poupée Lammily, Ginette en français. On ne parle que d'elle. C'est une petite brune aux formes proches de Mme Lambda. Jambes courtes et lourdes, fessier mou et affaissé, et pneu autour de la taille. Bye-bye le calendrier Pirelli, bonjour le calendrier Michelin tracteur !

À l'heure où l'on interdit la nicotine, on fourgue à nos gosses un pot à tabac. Comme Barbie, Lammily est proposée avec ses accessoires ; pas de sac à main, de bijoux, de fourrures comme chez l'autre, ici ce sont des petits bobos à coller sur la peau… Il faut lire le catalogue : cellulite, vergetures, rougeurs, acné, touffes de poils, et cicatrices au choix, appendicite ou césarienne. Sont prévues pour la collection 2016 : varices, bas de contention, bandages herniaires et blouses de Nylon. Qu'as-tu commandé pour Noël ? Des furoncles, des verrues, et un gros panaris pour ma Lammily. Tête de la gamine déballant son cadeau : « Ce père Noël est une ordure, c'est pas une poupée qu'il m'a apportée, c'est maman… » D'ici que le Ken de Lammily ait ma gueule, y a pas loin. But du fabricant : immerger les gosses dans la vie réelle.

Nouveautés annoncées pour 2017 : hémorroïdes, goitres et culottes de cheval. Un Noël plus barbant que Barbie.

Cher journal

Je n'aime déjà pas faire mes courses, mais durant les vacances, c'est pire. Le lait est à douze stations de métro, le vin, à un tour de périphérique, et pour le pain, oublions : on l'achète frais, il est rassis de retour à l'appartement ! Tout est loin. Une certaine idée du futur Grand Paris. On se précipite sur la seule supérette entrouverte, les clients sont fringués en évadés de Paris Plages. Le vigile à l'entrée tire sur les élastiques des slips de bain pour voir s'il y a un truc à déclarer. J'ai même vu, au Carrefour City de la rue Lecourbe, un naturiste traînant devant l'étal des bananes ; survient un non-voyant tâtonnant… Imaginez ce qu'il prend et met dans son sac… Le mec l'aurait aimée flambée, l'autre terminait comme Jeanne d'Arc. Trêve de plaisanterie, il y a des shorts, des marcels, des soutifs pour les plus habillés, et des tongs, ces strings du pied sale, pour tout le monde. Je ne vous dis pas l'odeur. Vite le rayon fromages pour respirer un peu d'air pur.

Le gérant, au micro, en profite pour écouler ses invendables estivaux :

« Choucroute, une boîte achetée, une boîte offerte… Demi-tarif sur potée et petit salé aux lentilles… Tartiflette à prix coûtant… »

À la caisse, attente obligatoire, les classiques du genre :

« Françoise, à vue de nez la carotte du monsieur, c'est de l'ancienne ou de la nouvelle… ? »

« Chantal, j'ai la ratatouille qui passe pas… »

N'allez pas croire à un haut-le-cœur, il s'agit juste d'une absence de code-barres.

En sortant du magasin, mieux vaut être jongleur, on ne propose plus de sac.

La grande distribution enterre Pasqua une deuxième fois.

Chirac déprimé, plus de Corona, de la Desesperado !

COÛT DE LA VIE

En terrasse à Deauville : 35 euros le demi-litre de moules-frites, ce qui met le litre au prix du Petrus.

Quelle tache
Le con qui a appelé sa lessive Le Chat manquait assurément de Génie.

BELLE ET REBELLE

Scandalisée par l'affaire Bettencourt,

mon épouse boycotte les produits

L'Oréal. Plus de shampooing,

de lotion, de maquillage,

de crème anti-âge.

Le soir, je m'endors auprès

de la femme de Tautavel.

MARCHÉ DE NOËL

Pas un Noël sans son marché.

Sorte de bric-à-brac géant, avec neige en plastique et vin La Villageoise réchauffé au micro-ondes présenté aux touristes comme le must de l'artisanat d'art. Sachez-le, les artisans d'art français se prénomment Baï, Tchang, Tang, Huan… Car ici, tout vient de Chine, sauf le thé, dont les feuilles ont dû être cueillies sur les hauts plateaux du bas Berry, tant on croit boire une purge à base de foin humide et de vieilles luzernes… On se bouscule aux toilettes… À 2 euros la goutte, le forain doit payer l'impôt sur la fortune. On appelle ça l'or jaune. Sont vendus tous les cadeaux à offrir aux gens que vous détestez, ça va du faux bonnet péruvien en fausse laine de faux lama aux rouleaux de PQ façon billets de 100 euros, plus fort que Gainsbourg. J'ai vu encore des pantoufles à réchauffer sur la gazinière, des strings en bonbons multicolores, et des tenues coquines pour les mères Noël. Le réveillon sera hotte, *hot*, pardon. Je passe sur les nougats de Montélimar et les calissons d'Aix fabriqués en banlieue de Shanghai, sur les crottes au chocolat au goût plus crotte que chocolat, je passe sur les santons aux yeux bridés, pour arriver au top des ventes : le bonnet cigogne, le bonnet renne, le bonnet Las Vegas qui clignote et celui qui fait pouet pouet quand tu appuies sur le pompon. C'est pas un marché de Noël, c'est la fête aux neuneus.

Cher journal

Je rentre à la maison, et trouve ma femme alanguie sur le canapé du salon.

« Ben qu'est-ce que tu fais là ? Tu n'es pas à la cuisine, occupée à préparer le repas de ton gentil mari, comme l'exige ton statut d'épouse ?

– Chéri, après le ménage, la lessive, le rangement, je suis claquée. Monop' n'a pas livré, si tu nous commandais une pizza ?

– OK, amour, mais que je ne t'y reprenne pas… »

Récapitulons : une heure pour retrouver le prospectus dans la poubelle parmi ceux des restos japonais, libanais, chinois, marocains, végétaliens. Une heure pour obtenir au bout du fil un mec qui n'a vu Naples que sur carte postale.

« Pizzeria Romana, j't'y écoute. Ti veux quoi monsieur ? La promo, une à 13 euros ou deux pour 26 euros ?

Une heure pour se décider entre l'hawaiienne, la canadienne, l'espagnole, la marocaine, la kebab, la mauricienne, mais pas de pizza italienne hélas. Deux heures pour choisir les suppléments boulettes, fromage, champignons, oignon, origan…

Trois heures plus tard, un mec sonne. Échappé du Bol d'or, le motard pue l'essence et les gaz d'échappement, livrant une pizza au CO_2. Un coursier qui ne prend ni les cartes ni les chèques, et n'a jamais de monnaie à rendre. Va pour le billet de 50, le caviar béluga est moins cher. J'ouvre le carton : que de la pâte ! Les ingrédients se baladant au fond de la boîte après que le grand dadais a joué à saute-trottoir sur sa mob. Ce n'est pas une pizza que tu bouffes, c'est un puzzle.

Aujourd'hui plus besoin de sortir de chez soi, tout vous est déposé à la porte. On parle même de sperme à domicile venu du Danemark, alors que la France a le Cecos – prononcé, le nom n'inspire pas confiance, ça fait semence qui attache au fond du tube.

Avec le sperme à domicile, l'homme tient sa vengeance, enfin.

Imaginons la scène :

Je rentre à la maison, mon épouse m'attend alanguie sur le canapé façon repos du guerrier, Brigitte Bardot aujourd'hui.

« Viens mon gros nounours, fais-moi grimper aux baies vitrées… »

Nous n'avons pas de rideaux.

« Régale-moi, comme le dirait Kersauson, du bon jus à pépère…

– J'ai dû aller au cinéma, au PMU, j'ai rencontré des potes, je suis crevé. Si nous commandions du sperme par téléphone ? »

Une heure pour trouver le numéro du Cryos site expéditeur, une heure pour se faire comprendre, le seul Danois de la famille étant le chien, une heure pour choisir la qualité du donneur.

45 euros pour du tout-venant, 600 pour un géniteur identifié, 12 000 pour un donneur exclusif…

Une heure encore pour choisir les suppléments :

« Je vous ajoute une pipette de Brad Pitt, un zeste de DSK, de l'intello, du manuel, du blond, du brun, du russe… »

Mon épouse se pâme :

« Vous n'auriez pas du Chirac ? j'en rêve…

– Rupture de stock depuis dix ans !

– Donnez-moi un peu de tout. »

Quand se pointe le livreur, un siècle plus tard, je dors comme un bébé, ma femme frétille.

« Bonjour m'dame, suis désolé, j'ai cassé le tube durant le transport, mais je peux vous en faire moi-même à l'ancienne.

– Banco ! »

La société moderne n'engendre que des branleurs !

NOËL AU BALCON

C'est déjà Noël.

- Fin mai, mon boucher me conseille de commander le chapon qui devrait régaler ma famille le prochain 24 décembre.

- Fin juin, l'agence de voyages m'envoie son catalogue « Décembre à la montagne forfait tire-fesses, raclette et génépi... ». Je n'ai même pas fini de régler ma location à Royan.

- Fin août, je trouve dans ma boîte aux lettres, entre factures et rappels d'huissier, le catalogue des jouets.

- Fin septembre, les employés municipaux déploient dans ma rue décorations lumineuses, hottes, sapins, traîneaux, paquets cadeaux qu'ils allumeront plus tard.

- Toute l'année, François Hollande nous promet d'inverser la courbe du chômage...

Tout est fait pour que l'on croie au père Noël.

Je verrais bien Dominique, Marie,
François, René Galouzeau
de Villepin P-DG d'EDF,
il a déjà un nom à rallonge.

Ça marche, le halal. Au début
c'était la bouffe, à présent,
ce sont les fringues, halal aux
chaussures, halal aux vêtements...

LES BONS COMPTES FONT LES BONS AMIS

Lettre de l'EDF : « Après examen de votre compte, nous avons constaté que vous êtes débiteur de 2,92 euros. » Coût du recommandé : 7,50 euros. Bénéfice net pour EDF : moins 4,58 euros. Les comptables d'EDF ne sont pas des lumières.

Hier à Noël les gosses étaient contents d'avoir une orange, aujourd'hui ils ont un forfait chez Orange, et ils font la gueule.

Crise oblige. De la France Fauchon à la France fauchée.

On manque de main-d'oeuvre spécialisée. Après avoir laissé ma voiture pour un « contrôle de routine », le garagiste me la rendit penaud : « Désolé, m'sieur, j'ai pas trouvé les routines... »

Crise : à Noël, les riches auront le sapin, les pauvres, les boules...

40 % des Français consomment de l'alcool avec excès. Pour devenir Président, faut donner le droit de vote aux cubitainers.

Hausse des prix.
Quand la caissière de l'hyper
te tend le ticket de caisse,
t'as l'impression d'acheter le magasin.

C'EST BON, LE CLIENT EST PRÊT, ON PEUT Y ALLER !
TAXI
CLIENT VTC NE PAS FRAPPER

TRANSPORTS

Le prix du parking d'Orly, le seul vol qui n'a jamais de retard.

AUTOLIB'

La voiture électrique à la portée de tous. Génial, on ne pollue plus. Une assistance vous indique où stationner. Me rendant place de la Bastille à Paris, elle me conseille « rue du port » à Saint-Jean-de-Luz. Je suis allé me garer là-bas… Et je suis rentré à Paris en taxi Diesel.

Plus ta ligne de chance est courte, plus ta ligne de métro sera longue.

BONNE CONDUITE

Rapport d'assurance. Que fait un Français dans sa bagnole ? Il mange, boit, lit, téléphone, répond à son courrier, se coiffe, se maquille, se rase, baise, se cure les fosses nasales, se gratte les mollets... À se demander pourquoi les constructeurs sont encore assez cons pour mettre un volant !

PONEY EXPRESS

Macron relance les voyages en bus. Autres projets révolutionnaires du petit ministre : le retour des diligences, puis des chaises à porteur.

Cher journal

J'aime les gares…

Avec leurs parkings toujours complets qui, quand ils ne le sont pas, sont fermés pour cause de travaux, vous obligeant à retourner chez vous pour y garer votre voiture.

J'aime les gares, avec leurs Escalator toujours en panne, vous obligeant à vous rabattre sur un ascenseur toujours en dérangement.

J'aime les gares, avec leurs guichets qui ferment sous votre nez, l'employé prenant sa pause, et nous voilà repartis poireauter plus loin, devant un autre guichet qui fermera lui aussi, l'employé devant prendre sa pause.

À la SNCF la pause dure trente-cinq heures, pas le travail…

J'aime les gares, avec leurs annonces réjouissantes : « Le TGV pour Avignon dont le départ était prévu aujourd'hui à 11 h 45 partira demain à 13 h 6, un arrêt de travail surprise du personnel roulant empêchant le conducteur de rejoindre son poste… »

J'aime les gares, avec leurs restos néobranchouilles, où l'on déguste du jambon bio venu d'élevages de porcs anorexiques, du rosé chaud mais sans sulfites, et du mini-beurre de laiterie fondu emballé façon « J'm'en fous plein les pognes », le patron attendant sans doute les années 3000 pour découvrir l'invention de la serviette en papier…

J'aime les gares et les trains aussi. Sitôt assis, le mendiant muet qui par gestes vous réclame du pognon, et qui devant votre refus vous traite d'enfoiré à voix haute.

J'aime les trains, le mauvais violoniste qui exécute *Le Vol du bourdon* avant d'exécuter le vol de ta valoche.

J'aime les trains, la petite vieille apitoyante qui te demande, l'air embarrassé, de hisser sa valise sur le porte-bagages en omettant de te dire qu'elle fait du trafic de parpaings.

J'aime les trains, le mec qui s'endort en ronflant et pose sur le siège voisin ses panards ensoquettés « parfum basket ».

J'aime les trains, votre voisine qui attaque les œufs durs en vous demandant, la bouche pleine, si c'est bien le train pour Carcassonne, transformant votre chemise blanche en chemise mimosa.

J'aime les trains, et leur voiture-bar, où, alors que vous avez le café dans une main, le sandwich dans l'autre, le pot de yaourt dans la poche, la monnaie dans le caleçon, l'addition entre les dents, le contrôleur vous demande votre billet.

J'aime les trains bientôt concurrencés par les autocars SNCF. Paris-Marseille en bus pour 20 euros. Pour les vacances de juillet, prévoir de partir en avril…

DERNIÈRE CROISADE

Hidalgo veut bouter les
bagnoles hors de Paris :
« Hep, taxi, vous êtes libre ?
– Oui, grimpez sur mes épaules… »

CIRCULEZ, Y A RIEN À VOIR

Mme Taubira change encore les règles.
Plus de prison pour ceux qui conduiraient sans permis ni assurance. Économie de baby-sitter, ma petite-fille de 5 ans va pouvoir aller à l'école au volant de la bagnole empruntée à sa mère.

Grève à répétition à la SNCF. T'es pris pour un pigeon, mais pas un pigeon voyageur.

COVOITURAGE

J'évite les chauffeurs bavards.
Plus jamais Blablacar !

Cher journal

Sécurité routière

Il est des noms trompeurs. Prenez l'aire de service sur l'autoroute. Attendez-vous à tout, sauf à ce qu'on vous rende service. Compression de personnel oblige, un seul mec y travaille. Un multitâche. C'est le même qui beurre les tartines derrière le comptoir et débouche les toilettes. Assurez-vous qu'il le fasse dans cet ordre. Un coup d'œil à la pression des pneus ? Pas le temps, il vous envoie péter. Qu'importe, il n'y a plus de tuyau, plus de manomètre depuis le dernier rush estival. Ils ont été piqués. J'ai vu sur l'aire de Carcassonne une famille entière souffler dans les valves. Quant au pare-brise, ne comptez pas trouver une raclette au bout du manche trempant dans l'eau croupie. Apprenez à garder votre pare-brise propre : évitez les moustiques ! Côté carburant, j'ai vu le litre à 2,65 euros, du sans-plomb, à quel prix serait-il avec ? On peut, pour un plein, s'offrir une voiture neuve. Il est plus économique de chercher son pétrole soi-même, forages et derricks compris.

Cher journal

Révolution française

J'ai failli me faire écrabouiller par une Zoé, la voiture électrique silencieuse de Renault. Souvenez-vous, les Chinois voulaient nous en voler les plans. Faut être le dernier des neuneus pour piquer les secrets de fabrication d'une bagnole française, elles ont trente ans de retard sur la concurrence. Avec Zoé, plus de mauvaise surprise à la pompe, elle est ailleurs… Au branchement. J'vous dis pas la longueur des rallonges quand vous habitez au 9e étage. On vous propose la borne Autolib', encore faut-il en trouver une entre Valenciennes et Albi. Une fois la batterie chargée à bloc, vous pourrez parcourir 100 kilomètres, à condition d'éviter tout ce qui l'épuise : clim, éclairage, essuie-glaces, autoradio et contact. Ensuite, vous devrez la recharger durant douze heures ou utiliser les services d'une dépanneuse Diesel bouffant 50 litres aux 100, quadruplant la pollution que vous vouliez chasser en roulant propre.

ADIEU, MONDE CRUEL

La vie vous pèse ? Suicidez-vous légalement : faites du Vélib' en sens interdit et passez au feu rouge, vous avez le droit.

TERMINUS

D'après le SAMU, la gare serait le lieu où l'on risque le plus la crise cardiaque. Cinq fois plus d'infarctus qu'ailleurs. L'autre jour notre TGV est parti à l'heure annoncée. Vous imaginez la surprise, le choc. Notre train à l'heure ! Nous étions nombreux à nous disputer le seul défibrillateur du TGV. Il est accroché au bar de la voiture, on ne peut l'atteindre qu'après que les 400 couillons entassés là ont fini leurs cafés. Y a intérêt à mourir lentement.

Partout où elle est passée : Centre Pompidou, INA..., Agnès Saal a claqué des fortunes en taxi. On apprendra demain qu'elle fut la maîtresse de Samy Naceri...

LE SAVIEZ-VOUS ?

TER : Toujours En Retard.

I HAVE A DREAM

Je rêve d'un jour lointain où les cheminots déposeront des préavis de travail, où la SNCF s'excusera auprès des voyageurs parce que ses trains sont arrivés à l'heure.

Cher journal

Boire ou conduire

Éthylotest antidémarrage, on en parle, l'idée est bonne, encore faut-il que le mec ivre soit en état de retrouver sa voiture, capable de mettre la clef dans la serrure, puis de récupérer l'appareil au fond d'une boîte à gants débordant de canettes vides et de souffler dans l'emballage avant de hurler : « J'suis négatif, les gars, à donf toute ! »

Les vrais dangers du conducteur sont ailleurs, créons sans attendre l'Épousotest, l'ennemi de l'homme au volant :

« Freine, accélère, j't'avais dit de tourner à gauche, voilà que tu tournes à droite… »

Le Bellemérotest :

« C'est pas pour dire, mais les deux premiers maris de ma fille ne conduisaient pas quand ils étaient bourrés, eux… »

Le Gossotest : contre ces mômes qui chantent du Black M de Paris à Marseille avant de vous mettre les mains sur les yeux en lançant « Qui c'est ? ».

Le Pipitest : pour vous assurer qu'il n'y aura pas de pause vidange à chaque aire de repos…

Le Canitest : contre le clébard qui vient vous lécher la trogne lors du dépassement d'un poids lourd…

Et enfin le Gendarmotest : contre les postillons titrant 15 degrés permettant au motard de la police de vous chanter « Il est des nôtres… ».

Cher journal

La honte de ma vie, je l'ai connue dans un avion Hop ! d'Air France. Après une bonne heure à tenter de poser mes grosses fesses entre les deux accoudoirs d'un étroit fauteuil dont l'inconfort ferait la joie d'un fakir, j'essaie d'attacher ma ceinture. Je rentre le ventre, serre les miches, rien n'y fait. Il me manque 15 bons centimètres. Entré dans cet avion normal voire bel homme, je me retrouvais obèse sitôt assis. L'hôtesse appelée me dit que je m'y prends mal. Un pied calé sur l'accoudoir, tous muscles bandés, elle tire sur la sangle sans gagner 1 centimètre. Aussitôt elle hèle le steward : « Ken, trouve-moi une rallonge pour la place 12 F… » Et tous les passagers de se tortiller pour apercevoir l'Himalaya de saindoux encastré au 12 F. La honte de ma vie quand le mec revient avec une rallonge de 1 mètre 50. Gérard Larcher était donc du voyage précédent.

DICTON DU JOUR

Marché automobile : bonus ou malus, c'est toujours nous qu'on l'aura dans l'anus…

BON SENS TOUJOURS

Économies obligent, pour revenir de Tulle, François Hollande prend Michel Sapin en covoiturage. En bagnole, mieux vaut se prendre un Sapin qu'un platane.

RISQUE ZÉRO

On traversera Paris à 30 km/h dans les passages dangereux ; dans les passages très dangereux, on poussera les bagnoles.

La devise de Hollande : scoot toujours prêt !

PLUTÔT À PINCE QU'EN VOITURE

Circulation alternée en cas de pollution : tu chausses du 41, tu sors le mardi, du 42, le mercredi.

Guillaume Pépy, P-DG de la SNCF : « Je ne suis pas passionné par les trains. » Tout s'explique.

COMME UN AVION SANS PASSERELLE

Quand l'avion atterrit en avance, on attend la passerelle…

Quand l'avion atterrit en retard, la passerelle est repartie…

Quand l'avion arrive à l'heure, le mec qui est chargé d'arrimer la passerelle est en grève surprise.

RESTEZ CHEZ VOUS

Les radars sont installés, nous dit-on, sur les routes à caractère accidentogène. Aussi, qu'est-ce qu'une route à caractère accidentogène ? D'après le dico, une route susceptible de provoquer des accidents. Et qui provoque des accidents sur les routes ? Les véhicules qui l'empruntent, les piétons qui les traversent, les virages, les côtes, les descentes, les rétrécissements, les intersections... Bref, il est moins risqué d'emprunter les trottoirs.

MINI-FERME

J'avais à mes pieds, dans ce compartiment du TGV Paris-Lyon : un lapin bélier, un furet, un teckel à poil ras... Pour une chasse à courre, il ne manquait plus que le cheval, le cavalier et le cor. Coût du voyage : 152 euros. Pour approcher les animaux, il est moins onéreux de passer une semaine à Thoiry, famille comprise.

AU HASARD, BALTHAZAR

M. Pépy veut réorganiser les tarifs de la SNCF. Si l'on paye au temps passé dans le train plutôt qu'aux kilomètres parcourus, ça pourrait coûter un bras.

MIEUX VŒUX TARD QUE JAMAIS

Janvier 2016, la SNCF vous adresse ses vœux 2013 avec ce petit mot : « Excusez-nous pour ce léger retard dû à un incident indépendant de notre volonté. »

CARBURANT TROIS ÉTOILES

Biocarburants : la production agricole ne sera plus dans les assiettes mais dans les bagnoles. On ne sera plus servi par un pompiste mais par un maître d'hôtel.

FUMEUX

Il serait moins nocif de fumer un pétard dans son salon que de boire avant de prendre le volant. La preuve, on a rarement vu un canapé se jeter sur un platane.

LOISIRS ET TOURISME

Cher journal

Vos papiers, s'il vous plaît

Rencontre avec Kafka. J'ai dû refaire mon passeport, mon permis de conduire n'étant plus valable selon un poulet modèle, le portrait y figurant ne ressemblant plus à l'homme qui le présente. Il faut dire que j'ai passé mon permis en 1970, il y a donc quarante-cinq ans d'écart entre le jeune garçon boutonneux coiffé à la Jimi Hendrix souriant à un photographe aujourd'hui au Père-Lachaise et le play-boy ridé et chauve que je suis devenu… Pas besoin d'habiter 221B, Baker Street pour s'en rendre compte. D'abord, sachez-le, oubliez Internet, on peut tout renouveler sur Internet sauf son passeport. Obligation vous est faite de composer un numéro gouvernemental.

1ER ESSAI : « Tous nos opérateurs étant occupés, veuillez renouveler votre appel ultérieurement. »

Je raccroche, attendant que le mec revienne de RTT.

2E ESSAI : « Merci de bien vouloir patienter, vous allez être mis en contact avec un opérateur dans 178 minutes. »

Il sera 20 h 15, je vois mal le fonctionnaire lâcher « Plus belle la vie » pour me répondre.

Trois jours ! C'est ce qu'il me fallut pour joindre mon correspondant. On appelle cela un numéro vert. Vert de rage.

Trois jours pour m'entendre dire qu'il fallait me rendre où ? Au service « Délivrance des passeports » ! Au cas où j'aurais eu l'idée de me rendre au service « Propreté des trottoirs ».

Trois jours de plus pour passer à la mairie prendre le questionnaire, au tabac pour acheter les timbres.

Trois jours encore pour la photo d'identité, qui doit être nette (sic), le visage de la pointe du menton au haut du crâne doit mesurer 32 millimètres, la tête doit être droite et (re-sic) le visage, dirigé vers l'objectif, des fois qu'il vous prendrait l'idée de vous faire photographier la nuque… Le sujet, bouche fermée (re-re-sic), doit avoir une expression neutre. Bref avoir l'air d'un con.

Ne pas oublier, encore, l'attente sur place… J'ai tiré le 348 alors qu'on appelait le 17. Venir par prudence avec vivres, pliant et tente Quechua.

Le dossier bouclé, vous pourrez alors l'espérer dans trois ou quatre mois.

Étonnez-vous après que les Français choisissent les vacances en Bretagne.

Jamais sans sa gourde. Si tu dois traverser le désert, pars avec Morano.

PARTAGE DES RICHESSES

Anne Hidalgo a démonté Paris Plages. Les déshérités devront attendre un an pour regarder passer les péniches naviguant sur les hydrocarbures, leurs yachts et leur Méditerranée à eux. La France est coupée en deux, Saint-Trop d'pèze et Saint-Plus de pèze du tout.

S'il est une ville où tu ne croiseras jamais Borloo, c'est Agen.

LA ROUTE DES VINS

Pas une station-service sans sa cave : chablis, côtes-du-rhône, beaujolais, saint-émilion... Sur L'autoroute ? On ne s'arrête plus chez Total, Esso, BP, mais chez Nicolas. Curieux paradoxe, si l'employée du self vous interdit la bière au prétexte que vous ne l'accompagnez pas de son terrifiant jambon braisé-endives tout juste décongelé, arme de destruction massive pour estomac en vacances, assurance de finir le trajet entre rototos et roupillons, la même vous engage à acheter en promo une caisse de rosé sans sulfites, pour supporter le viticulteur local, et vous offre en cadeau le tire-bouchon souvenir : un mini-vigneron made in China dont la zézette en vrille vous permet d'attaquer la bouteille sitôt monté en bagnole... Attention, faire sauter les bouchons ne vous empêchera pas de patienter dans les embouteillages...

Cher journal

On trouve tout à Paris sur le quai rive gauche. Piste d'athlétisme, agrès, mur d'escalade, parcours pour rollers, circuits skate, marelles et même des jardins flottants pour regarder couler la Seine – rien n'est plus romantique que de voir passer sacs-poubelle et bouteilles en plastique alors que le soleil se couche sur le musée d'Orsay. Mais il y a aussi des restos bio et des tipis indiens pour anniversaires… Au moins savons-nous où passent nos Sioux. Cerise sur le gâteau, vous trouverez des espaces pour le yoga, le *body training*, la cardio boxe et la corde à sauter. Et comme tout effort mérite le réconfort, le Zzz vous attend, un container dans lequel on peut siester à huit. Au-dessus de huit, autant appeler cela le Zzzob. Sport, bouffe, sieste et baise si affinités, voilà de quoi distraire le chômeur avant son entretien à Pôle emploi.

J'ai joué à Tarbes pour l'élection de miss Cassoulet, un vent… Non, c'était en plein air.

Mieux vaut se taper Paris Hilton que Nancy Campanile.

OLÉ

France, première destination touristique mondiale. Sont considérés comme touristes en France les Danois, les Belges, les Allemands, les Luxembourgeois qui se contentent de traverser notre pays pour aller se faire dorer la couenne en Espagne. Si demain ces gens-là préfèrent les rollmops à la paella, on ne se bousculera plus au péage.

Algues vertes en Bretagne. J'ai partagé mon parasol avec l'incroyable Hulk.

PLONGEON OLYMPIQUE

Pour piquer une tête dans le grand bassin de la piscine Molitor, il vous en coûte 180 euros !
À ce prix-là, on n'y chope pas des champignons mais des truffes.

Cher journal

Rançon de la gloire

C'est le retour en mode du livre d'or, un énorme bouquin que le patron d'hôtel vous sort de derrière le comptoir, pour peu que votre tronche lui revienne. C'est très gentil, mais plus encore très casse-couilles. Surtout quand il vous lance, complice : « Je vous ai gardé une page pour vous tout seul, soyez drôle comme vous l'êtes dans… » Et là de vous citer toujours, mais toujours, une émission à laquelle vous n'avez jamais participé. Poliment on feuillette son trophée : « Vous n'êtes pas le premier artiste qu'on a reçu… Raimu en 1934… Julie Pietri en 1950… Danièle Gilbert plusieurs fois… Pour le reste, un conseiller municipal, un président de Rotary, et l'abbé dirigeant la chorale… » Le livre d'or, c'est le best of de toutes les hypocrisies. Ma lâcheté m'interdisant de révéler que j'ai trouvé des poils de cul entre les draps, qu'un tringleur fou m'a empêché de fermer l'œil vu l'épaisseur des cloisons, et que j'ai découvert le balai à chiottes sous mon oreiller – preuve que le petit personnel bien que mal payé reste très joueur –, j'écrivis donc : « Agréable séjour, je reviendrai, amitiés… » Une réflexion aussitôt lue à haute voix par le patron, lecture conclue par un sonore : « Vous ne vous êtes pas foulé… » Moralité, si le livre d'or, ne le réveillez pas.

CAUCHEMAR À L'HÔTEL

En tournée toute l'année, j'ai appris à me méfier des hôtels aux noms sympathiques.

Hôtel du Bon Accueil : les patrons font la gueule.

Hôtel Central : au-delà du boulevard circulaire.

Hôtel de bains : baignoire sabot et douche.

Hôtel Bellevue : sur parking et poubelles.

Hôtel Splendid : en 1911.

Hôtel du Bon Repos : impossible de fermer l'œil.

Hôtel de la Plage : à 20 kilomètres... de la plage.

Hôtel de la Gare : sur les quais, sans Brando.

Hôtel des Sports : pas d'ascenseurs.

Hôtel du Lac : gare aux moustiques.

Hôtel du Clair Logis : par très grand soleil.

J'ai connu rue Saint-Exupéry un hôtel du Petit Prince, les moutons étant sous le lit, et assisté à des scènes de ménage dans un hôtel Accor.

CARTE OU PAS CARTE ?

Réforme territoriale,
à ne plus rien comprendre.
« Tu vas où en vacances cet été ?
– À Fréjus, dans le Nord-Pas-de-Calais... »

HASTA SIEMPRE

DSK, tout juste blanchi, file au soleil de Cuba pour conseiller Raúl. Curieux de voir le libertin chez Fidel... Attiré sans doute par le nom du pays : Cuba, lui qui en a tripoté de toutes sortes, il pourra y assouvir ses passions. Les touristes vous le diront, en matière de sexe, chez Castro y a tout ce qu'il faut.

Cher journal

Et surtout la santé !

Je hais le 31 décembre et ses obligations endimanchées. Le costume trois-pièces que je ne peux plus enfiler depuis le mariage de ma fille aînée aujourd'hui grand-mère. Le nœud papillon dont l'attache ne fait plus le tour de mon cou, nœud inutile pourtant puisque aujourd'hui planqué sous mon triple menton. Les robes du soir de mes voisines de table, parfumées à la naphtaline de chez Antimite, ajoutée à l'odeur insupportable d'une laque Bettencourt vaporisée à la sulfateuse... Et la maîtresse de maison sur son trente et un, la silhouette et la tronche lui interdisant d'être sur son 69.

DÉJEUNER SUR L'HERBE

Après les sacs, les couverts en plastique seront, pour sauver la planète, interdits à la vente. Pas le droit de sourire. Nos députés savent se rassembler pour traiter les urgences et tant pis s'il nous faudra dépenser des milliers de litres d'eau et des tonnes de détergent pour laver la vaisselle en porcelaine. C'est Manet qui meurt une deuxième fois, ils viennent de sonner la mort du déjeuner sur l'herbe, du pique-nique… Une décision curieuse de la part d'un gouvernement qui nous pique pas mal et nous nique beaucoup.

Cher journal

No smoking

Hôtels interdits aux fumeurs. Je regrette ces chambres qui, sitôt leur porte entrouverte, sentaient encore la Craven A, vous donnant la sensation de partager les lieux avec la locataire précédente, une commerciale peroxydée en déshabillé de Nylon.

Aujourd'hui, au nom du principe de précaution, les chambres embaument le pin des Landes, la rose de bord de Loire, la vanille de Madagascar, tous ces parfums de synthèse en bombes aérosols réservées hier aux seuls lieux d'aisance.

« Je ne peux vraiment pas fumer… même en ouvrant la fenêtre ? ai-je demandé poliment au manager.

– 35 euros d'amende. À vous de voir. »

Si vous ajoutez les bientôt 100 euros pour un paquet de clopes, ça vous met les métastases hors de prix.

Aujourd'hui la blonde peroxydée fume au pied de l'hôtel, accompagnée d'intoxiqués anonymes. Ils parlent à voix basse, se cachant des croisés de l'anti-clopes. La quinte de toux prend le maquis. La vanille de synthèse l'a définitivement emporté sur le tabac de Virginie.

LA GRANDE BOUFFE

LÉGUMES OUBLIÉS

Topinambours, rutabagas, crosnes, panais…
Pour les légumes, la mode est au vieux.
Il n'y a jamais loin du vieux au légume.

Bouffer chez Ikea, c'est comme acheter
ses meubles chez Buffalo Grill.

BON APPÉTIT

« Minerai de viande » : mot scientifique utilisé par les marchands de bidoche pour désigner un bloc de déchets, gras, nerfs, yeux, dents, peau, poils, sabots, os concassés et colorants. Tout ça fait de la viande hachée, à chier plutôt.

VIANDARD

Je suis né dans une famille pauvre ; la première fois que j'ai mangé de la viande, c'est quand je me suis mordu la langue.

Cher journal

Aigre-doux

Je hais le vinaigre balsamique, enfin le faux balsamique, ces sirops colorisés et aromatisés au caramel que les chefs nous balancent au Canadair sur la moindre feuille de salade, rondelle de tomate. On le trouve en virgules, en points de suspension, d'exclamation, d'interrogation, je l'ai même vu accompagnant mes asperges en forme de compliment : « Nono vous souhaite une bonne continuation d'appétit… » Vous ne pouvez avoir les meilleurs légumes, le plus fin des carpaccios, sans ce destructeur de goût vous donnant l'impression de mâcher un Carambar. Et je ne vous parle pas de la vue ! Tout ce marron étalé, à croire que le chef, saisi d'une tourista galopante, n'a pas eu le temps de gagner les toilettes. On m'a, dans un restaurant étoilé, servi des endives-noix-roquefort baignant dans ce foutu jus. Devant ma grimace, le maître d'hôtel m'a soutenu que ses clients américains adoraient cela. Si les Ricains doivent aujourd'hui guider nos goûts, vous verrez qu'un jour prochain George Clooney nous imposera son café et McDonald's couvrira le pays de ses burgers.

FLOP CHEF
Marre de ces Lignac, Marx, Camdeborde, Darroze, gourous médiatiques de la recette facile que tu ne peux réussir qu'après avoir passé dix ans dans les cuisines de Robuchon : sitôt tentée, sitôt ratée. Et tu te retrouves en catastrophe, le 24 décembre au soir, à faire la queue chez Picard.

GASTRO

Pas contents, les restaurateurs, de devoir signaler d'un astérisque les produits frais sur leur carte. Demain un piolet signalera les produits surgelés et une grosse gerbe, les produits immangeables. La renaissance du guide *Dégobillot* !

CIRCUIT COURT
Suppression des intermédiaires, j'économise. J'achète mes crevettes à Dunkerque, mes tomates à Marmande, mon bœuf dans le Nivernais, mes haricots à Tarbes, mes lentilles au Puy, et mes frites à Bruxelles…
87,62 euros de moins que chez l'épicier d'en bas. Après deux jours de route, je rentre. Trop crevé pour cuisiner, j'emmène ma famille au restaurant : 162 euros. Pas facile d'équilibrer son budget.

Au Mans, j'ai, il y a dix ans,
gagné mon poids en rillettes.
Eh bien, j'en bouffe encore !

Si François Hollande ne boit pas,
en tout cas il nous saoule.

Tous les six mois, on apprend
un nouveau trafic de viande de
cheval : avons-nous, un jour,
déjà mangé du boeuf ?

À voir les dettes de la France dans
tous les domaines, le fromage de
Hollande est un fromage à trous.

TRAÇABILITÉ

Marre de ces artisans bouchers qui, emballant votre côte de veau, vous donnent l'âge de la bête, le nom de sa mère, le plan cadastral du pâturage où il gambadait avec ses frères et sœurs, vous parlent de sa jeunesse heureuse avant d'être arraché à sa famille par la sauvagerie de l'abattage. Des larmes plein les yeux, n'osant manger cette pauvre bête, je commande alors 200 grammes de céleri rémoulade.

CHER MONSIEUR MARTIN, L'ABLATION DE VOS TESTICULES S'EST EXTRÊMEMENT BIEN PASSÉE !
AH NON DOCTEUR, MOI C'ÉTAIT POUR LES AMYGDALES !

SANTÉ

« Fumer tue. » Je fume depuis quarante ans et ne suis toujours pas mort. Dois-je faire un procès pour publicité mensongère ?

RÉFORME DE LA SANTÉ

Tiers payant, docteur gratuit. « Il ne fait pas beau ce matin, Ginette est indisposée, pas un pote au bistrot, j'vais, pour passer le temps, aller chez le médecin me faire prendre la température à l'ancienne... » On va se bousculer dans les salles d'attente. Voilà pourquoi le malade est appelé patient.

DITES 33

Pénurie de personnel, 35 heures, grèves. Si tu vas à l'hôpital en France, mieux vaut être en pleine santé. J'ai vu un type venu se faire enlever les amygdales partir sans ses couilles. Ils l'avaient posé à l'envers sur la table d'opération.

DÉMENTI

Cas de dengue en région Paca. Ségolène Royal fait savoir qu'elle n'a pas quitté son bureau parisien.

LOI ANTITABAC

Arrêt du tabac : beaucoup de cheminées d'usine ne fument déjà plus.

POLITESSE À TOUT ÂGE

Inauguration d'un village Alzheimer dans les Landes. On y passe la journée à se dire « bonjour ».

*Je descends de la balance qui parle :
« Pour votre poids, votre taille
idéale est de 12 mètres 25… »*

CONDUITE ACCOMPAGNÉE

*Fermeture des maternités.
Aujourd'hui la nana qui doit accoucher
saute dans sa bagnole, parcourt une centaine
de kilomètres. Quand elle arrive en salle
de travail, c'est le nouveau-né qui conduit.*

*Marisol Touraine, ministre de la Santé,
aurait vu son fils séjourner à la Santé.
Les juges ont de l'humour : elle serait aux
parcs et jardins, ils l'auraient enfermé à Fleury,
à la sécurité routière, il serait à Fresnes.*

BOUILLON DE CULTURES

Évitez les magazines proposés par nos toubibs dans leurs salles d'attente. Déchirés, froissés, tachés, jaunis, salis, ce sont des élevages de microbes en batterie. Page 2, vous chopez les miasmes d'un tuberculeux repenti, page 6, les traces de pus d'un méchant panaris, page 12, un soupçon d'herpès génital...

Venu avec un petit bobo, vous poussez la porte du cabinet porteur de tous les virus. Ingénieux et roublard, votre praticien a trouvé la parade à Pôle emploi : le voilà avec du boulot pour un siècle. Côté rédactionnel, le porteur de journaux doit être en congé longue maladie, car il n'est pas rare que l'on y raconte les vacances de Léon Zitrone à Cabourg, fête les 80 ans de Jeanne Calment, célèbre le mariage d'Elizabeth II et applaudisse au lancement du paquebot *France*. Si le généraliste a l'âge des publications, il vous soigne au clystère et à la sangsue.

AUTOMÉDICATION

Pour résorber le déficit de la Sécu, Mme Touraine veut remplacer les médicaments par le sport.

J'ai essayé en remplaçant le suppositoire par le javelot... Waouille ! Comme nos impôts, le premier tiers passe encore, mais les deux autres sont très douloureux.

Ma solution à moi serait d'écrire en gras les effets indésirables et gênants. Alors que je m'apprêtais à prendre un banal comprimé, que risquais-je tout à coup ? Allergies cutanées, haleine fétide, diarrhées galopantes, démangeaisons passagères, flatulences, fausse couche, amnésie, constipation, règles douloureuses... J'ai peur, j'aperçois la croix verte du pharmacien, je change de trottoir. Et je sauve la Sécu.

PLAN ANTITABAC

Des photos immondes sur nos paquets de clopes, ce ne sont plus des tabacs, c'est la morgue :

- Goitres purulents, enflés.

- Poumons dévorés, noircis.

- Tumeurs invasives.

- Dents pourries se faisant la valoche.

Beurk, beurk, beurk, c'est à gerber.

Le but : dégoûter le fumeur, mais pas trop. Il rapporte chaque année 10 milliards de taxes. Oui, 10 milliards ! Question impôts, l'État ne mégote pas.

Jean-Claude Gaudin, 74 ans, réélu dans un fauteuil. Au prochain scrutin, il sera roulant.

Principes de précaution : l'État vous autorise à mourir, mais en pleine forme.

La Sécurité sociale veut dérembourser les lunettes. Un métier d'avenir : éleveur de labradors.

Un presbyte sans presbytère n'est pas forcément un sans-abri.

Cher journal

Connaissez-vous « Abdomen intensif nuit » ? C'est une crème qui, appliquée sur le ventre, pénètre facilement, travaillant les tissus durant la nuit jusqu'à réduire votre tour de taille de 2 centimètres… au bout de quatorze semaines. Merci les chercheurs ! Grâce à vous, sans gym, sans fatigue ni transpiration, je vais pouvoir exhiber un corps à la Channing Tatum. J'aurai 173 ans. Le secret de cette crème miracle ? La présence de carnitine, cette molécule qui intervient au cœur de la cellule dans le transport des acides gras du cytisol vers les mitochondries lors du catabolisme des lipides dans le métabolisme énergétique… (sic). Carnitine à laquelle furent ajoutés des extraits de café vert, de blé noir, d'orange amère et de cacao. Manque plus qu'un croissant et t'as ton petit dej' dans le pyjama.

SPORTS

THÉORIE DES CORPS

Selon Albert Einstein, si un homme court tout nu autour d'un arbre à la vitesse de 450 kilomètres par seconde, il a une chance de se sodomiser lui-même... Vous n'êtes pas sportif ? Ne désespérez pas, votez socialiste, vous obtiendrez le même résultat.

Il est rare de trouver un athlète français dopé en finale ; faut dire qu'il est rare de trouver un athlète français en finale.

BOL D'OR

Valeur estimée de Lionel Messi, l'attaquant du FC Barcelone : 280 millions d'euros. Le foot, c'est ça, des cons qui ont du bol, admirés par des cons qui n'en ont pas.

On connaît le régime alimentaire de Florent Manaudou : du turbot, du turbot et encore du turbot.

MAÎTRE PÉDALO

Richard Virenque

consultant sportif à la radio :

une faute de français

par coup de pédales.

MOUCHES DU COACH

Le coach, pas un sportif sans nous en rebattre les oreilles. « Mon coach dit, mon coach pense, mon coach fait... » Il conseille, enseigne, inspire... On se souvient encore des remerciements d'Anelka, joueur de foot, à Domenech, coach de l'équipe de France :

« Va te faire enc... coach !
Sale fils de p... »

Et voilà comment Anelka devint Anelcon.

SUPERWOMAN

Jeannie Longo a couru son 36e championnat de France, elle est arrivée seulement 13e.

56 ans, et encore avoir des problèmes de cycle !

LE RÊVE DU SPORTIF

Marre des bisbilles autour du dopage, autorisons-le. Le Tour de France couru en deux jours, avec des cyclistes suivis par des Ferrari, et des Rafale pour remplacer les hélicos de France 2. Au tennis aussi, droit de sniffer les lignes blanches.

CYCLOTECHNOLOGIE

Dopage : des vélos du Tour de France soupçonnés de dissimuler une motorisation électrique. L'UCI enquête, mais comment faire pisser un vélo dans une éprouvette ?

TOUR DE FRANCE

Le dopage enfin éradiqué dans le cyclisme. Plus ils marchent à l'eau claire, plus ils vont vite. Pourquoi avoir perdu son temps à inventer la seringue ? Tout est aujourd'hui normal. Le mec te pisse sur les godasses, il pousse des plantes carnivores, normal. Le mec est dans les Alpes lorsque les autres sont encore dans les Pyrénées, normal. Le mec gagne l'étape en précédant de vingt minutes la caravane publicitaire, normal. Ce n'est plus le coureur qui est dopé, c'est le vélo.

Désespoir des équipes de ligue 2 : elles jouent devant des stades aussi vides que la tête de leurs supporters.

PÉDALE DOUCE

Promis, le Tour 2016 sera propre ? Arrivée prévue en 2019.

Cher journal

J'envie les sportifs au long cours, les voileux qui font le tour du monde, les cyclistes qui font plus modestement le Tour de France.

Ils peuvent, plusieurs semaines durant, et ce en toute légalité, larguer les amarres conjugales. Des semaines au paradis, loin de son épouse, le rêve de tout homme normal au lendemain de sa nuit de noces. Des semaines sans entendre : « Tu pourrais ranger tes affaires… Lève les jambes quand je passe l'aspirateur sous le canapé… Va chercher le pain… Je ne suis pas ton esclave… »

Si vous croyez que le navigateur souffre quand il brave les tempêtes, que le coureur agonise quand il escalade le Tourmalet… Pas du tout ! Regardez les gros plans, sous les paquets de mer, les litres de sueur, regardez-les, voyez leurs sourires juste retenus, ils sont heureux : ils n'ont pas eu à attendre ce matin des heures devant la porte de la salle de bains que maman retrouve son visage de 20 ans… Ils sont heureux, assurés durant des semaines de ne plus devoir débarrasser la table, courir les soldes, et changer la caisse du chat… Le vrai vainqueur, c'est le dernier arrivé car le dernier rentré chez lui.

PAROLES DE FOOTBALLEURS

« J'ai été blessé par un coup de pied de ballon, que je n'ai pas vu venir par-derrière car j'avais à ce moment les yeux devant... »

« J'ai couru jusqu'à quand ce que je pouvais... »

« Gagner ça redorerait le blouson de l'équipe... »

« On est des joueurs qu'on va vite avec le ballon, même que des fois il va plus vite que nous... »

« Faut pas brûler la peau de l'ours avant de l'avoir vendue, bref jeter le bébé avant l'eau du boudin... »

« Je ne répondrai pas à votre questionnement, on va me reprocher de prêcher pour ma propre paroi... »

« Franck a plusieurs arcs à sa corde... »

Ils ont beau jouer à l'étranger, impossible de parler de fuite des cerveaux.

PAS DE PRIX BUT

MAGOUILLES ET

POTS-DE-VIN.

POUR L'UEFA,

DANS « BALLON ROND »,

IL Y A… « RONDS ».

ESPRIT SPORTIF

Saluons le fair-play des supporters : « Sans cet enculé de joueur que n'a pas sifflé ce putain d'arbitre, on aurait exterminé ce ramassis de lopettes... »

SAUT DE L'ANGE

Sarkozy : « Débaptiser l'UMP va servir de tremplin à mon élection. » Fais gaffe au tremplin, Nico ! Juppé est en train de vider la piscine.

AUTRES TEMPS, AUTRES DANGERS

Un homme meurt après un saut à l'élastique. Hier tirer sur l'élastique rendait sourd, c'est tout.

LE SAVIEZ-VOUS ?

Les footballeurs ont sur leur maillot le numéro qui correspond à leur QI.

SANTÉ

Le dopage régresse ; désormais quand on parle de belles perfs, ne pensez plus perfusions mais performances…

Dans le cyclisme, le dopage, c'est le cancer du col du Tourmalet.

Si je devais être fusillé,
je demanderais que ce soit les buteurs
de l'équipe de France de foot qui tirent.

Les handballeurs reçus à l'Élysée.
Le Président paraît tout petit.
À quand l'équipe de baby-foot ?

VA CHERCHER
Sarkozy, c'est la méthode du Jokari :
plus loin tu l'envoies, plus vite il te revient
dans la tronche !

MAILLOT À POIS

Nicolas Sarkozy, vélo à la main, déclare au Parisien Magazine *: « Je suis un grimpeur. » Vaut mieux quand on voit la taille de Carla ! Grimpeur dans les cols, descendeur dans les sondages.*

SAVIEZ-VOUS QUE L'HOMME PASSE EN MOYENNE TROIS ANS DE SA VIE AUX TOILETTES* ?
*SOURCE : WORLDTOILET.ORG

CULTURE

Pour Fleur Pellerin, l'auteur du Petit Prince c'est 1 mètre 20, voire 1 mètre 25.

RIGOLETTO

Pas de Président sans bouffon. Sarkozy avait son Bigard, Hollande a sa Cotillard. Leurs points communs ? Voyager à nos frais dans l'avion présidentiel et déclencher le rire. Volontaire chez l'un il y a quelques années encore, involontaire chez l'autre. Qui l'a vue calancher dans *Batman, The Dark Knight Rises,* comme meurt une mauvaise comédienne dans une lamentable tragédie jouée par de médiocres acteurs amateurs, a encore les zygomatiques hors d'usage. Troisième point : leurs noms se terminent par le son « ard », comme dans nullard, ringard, tocard ou nanard. Osmose ultime, les deux défendent la théorie du complot, ne croyant pas à la version officielle du 11 Septembre. « On nous ment comme l'on respire... », dit l'une, « Les deux avions n'existent pas », affirme l'autre, allant peut-être jusqu'à soutenir demain qu'Armstrong n'a jamais mis le pied sur la Lune, que Presley vit sur une île et que François Hollande tient la finance pour ennemi. Silence les clowns.

CINÉMA CINÉMA

Valérie Trierweiler travaille à l'adaptation de son bouquin au cinéma, enfin un premier rôle pour Julie Gayet !

Non, Marcel Proust
n'a pas écrit Objectif Lune.

FILS DE...

Point de peintres célèbres sans descendance connue :

Courbet, un fils vedette radio télé.

Picasso, un fils constructeur de bagnoles.

Buffet, une fille ex-ministre des Sports.

Miró, un fils opticien sous le pseudo d'Afflelou.

Carpaccio, un fils créateur des Bistro Romain
où le papa est servi à volonté.

Géricault, un fils trompettiste.

Bosch, un fils inventeur du lave-vaisselle.

Vermeer, une fille laitière chez Nestlé.

Boudin, le père de ma femme...

CULTURE G COMME JOHNNY

Non, Johnny, ce ne sont pas les Schtroumpfs qui ont inventé la Carte bleue, pas plus que Périclès, l'alcool de menthe et Kant, la Taverne de Maître Kanter...

CONFUSION

Fleur Pellerin, ministre de la Culture qui confondit prix Nobel et prix Chantal Nobel, la première victime du covoiturage.

Fleur Pellerin vous affirmerait sans rire qu'Albert Camus a produit Johnny Hallyday, Georges Braque, élevé des chiens de chasse, Eugène Delacroix, inventé l'eau de Javel, Pablo Picasso, dessiné des bagnoles, Claude Lévi-Strauss, vendu des jeans et Bernard-Henri Lévy, construit des ponts du même nom, les célèbres ponts Lévy...
Pellerin est à la culture ce que Ribéry est à la philosophie.

PERSONNALITÉS PRÉFÉRÉES

Zidane, Jenifer, Mimie Mathy, Omar Sy, Nolwenn Leroy, personnalités préférées des Français : ministre de la Culture est un emploi fictif.

CULTURE

Johnny ne jouera plus Tennessee Williams :

« L'auteur n'est pas venu m'applaudir dans *Le Paradis sur terre*... »

Difficile de lui apprendre qu'il est mort en 1983, alors j'improvise :

« Tu sais, il habite aux États-Unis, c'est loin, il a peut-être raté l'avion...

– La prochaine fois, je jouerai Molière, il vit toujours en France au moins ? »

Cher journal

Mon cinéma art et essai programmait une ancienne Palme d'or du festival de Cannes : *Oncle Boonmee* du cinéaste thaïlandais Apichatpong Weerasethakul. Le temps que je demande sans bafouiller « deux places pour *Oncle Boonmee* d'Apichatpong Weerasethakul », le film était retiré de l'affiche.

Et après on s'étonne du succès du film *Camping*, certes plus con mais si facile à prononcer.

ACTOR STUDIO

Julie Gayet a décroché un prix d'interprétation féminine à Tokyo pour un film intitulé *8 Fois debout* ; on comprend les grasses matinées présidentielles rue du Cirque.

ERRARE HUMANUM EST, PERSEVERARE DIABOLICUM

Nouveaux faux pas de Fleur Pellerin : non, madame, ce n'est pas Descartes qui inventa le poker, pas plus que Saint-John Perse ne présente *Questions pour un champion*...

Valls, famille musicienne :
elle joue du violon, lui, du pipeau.

ESPRIT *CHARLIE*

Cabu, Charb, Wolinski, il devient dangereux de faire rire… J'vais reprendre le numéro du pétomane : on n'a jamais vu les fabricants de cassoulet lancer une fatwa contre les petits producteurs de gaz artisanal…

LE BON MOT POUR LE DIRE

Chaque année les dictionnaires nous déversent leur cargaison de mots nouveaux.

Mémériser : Vieillir une femme. Ex. : Si tu distribues Catherine Deneuve dans un rôle d'ancêtre, plus besoin de la mémériser.

Partir en cacahuète : Syn. péter un câble. Ex. : La meuf à Rachid est partie en cacahuète quand sa télé a pété un câble.

Faucheur volontaire : Action de faucher en bonne conscience. Ex. : Avec notre argent, François Hollande est devenu faucheur volontaire.

Selfie : Photo de soi-même à côté d'une personne connue. Ex. : J'ai fait un selfie avec Mimie Mathy, on lui voit le visage, moi la braguette.

Bitcoin : Monnaie virtuelle. Ex. : On peut avoir un bitcoin sans avoir le popaul de travers.

Et que devient le dictionnaire de l'Académie française ? Il avance. Après les définitions d'autoradio, calculette, chaîne hi-fi… les Verts réfléchissent à celle de Minitel… Immortels, ils ont tout leur temps.

Cher journal

Océania est coiffeuse. Ma coiffeuse. L'artiste capillaire qui, tous les quinze jours, s'occupe de mon cheveu. Océania se prénommait Jacqueline avant de rejoindre *The Franck Provost team cut management*, pour devenir opératrice manipulatrice technicienne en bigoudis chauffants.

Entre tondeuse et séchoir, Océania me parle de ce qu'elle a découvert et aimé dans le monde des arts. Pas besoin de lire les pages culturelles du *Monde* ou de *Télérama*, moi, j'ai les avis d'Océania. Elle a le jugement sûr. Grâce à elle, j'ai découvert Marc Levy, dansé le calypso sur les chansons de Dany Brillant, pleuré aux *Amants de la Bastille*, couru aux concerts d'Emmanuel Moire, et même obtenu un autographe de Nabilla qui dédicaçait ses photos au stand des couteaux Opinel du BHV.

Moi, hurlant pour couvrir la musique d'ascenseur du salon :

« Quoi de neuf cette semaine, Océania ?

– Oh, monsieur Bernard, nous sommes allées, mes collègues Monica, Loana, Samantha, Jessica, Gloria et moi, voir le film *Fifty Stades of Grey*. »

Elle a appris l'anglais en regardant Nikos interviewer Eddy Mitchell sur TF1.

« Ah ! *Cinquante Nuances de Grey*… »

Pas même le temps de penser « bande de grosses cochonnes », qu'elle me rassure :

« Nous y sommes allées par hasard… Mais heureusement que nous avions bloqué les places depuis trois semaines, c'était archi-bourré…

– De gens venus comme vous, par hasard… Alors, déçue ?

– Pas du tout, c'est mieux encore que la trilogie littéraire que j'avais achetée par hasard… Ne trouvant ni les mémoires de Rocco Siffredi, ni le livre de Trierweiler… Oh ce monsieur Grey, quel charme ! Il en fait des choses à mademoiselle Anastasia, c'est pas mon Manolo (comprendre Jean-Pierre, coloriste chez Jean-Louis David) qui penserait à me faire ça… »

Pour ne pas mourir idiot, j'y suis allé. Un monde ! Une armée de mémères qui n'ont plus vu le loup depuis la disparition de la bête du Gévaudan, et quelques jeunes femelles accourues se déniaiser. Les mêmes qui hurlaient contre DSK et son goût pour la perversion.

600 millions de recettes, deux suites en chantier, le film de cul, pardon, le film cucul, ça cartonne.

Décidément le hasard fait bien les choses.

Pas de doute, quand tu t'appelles Lang, tu lèches.

Cher journal

Suis allé dans ces cafés à la mode dédiés à l'intelligence et à la culture. Un troquet mimilophobe et chiantophile. On philosophe, on lit, on réfléchit, bref on se prend au sérieux. Videur bac +12, patron docteur ès lettres anciennes, serveurs cousins d'Einstein, Albert, pas Frank, et clients aux cerveaux trop pleins au côté desquels les membres de Mensa international feraient figure d'analphabètes. On ne se bousculait pas autour du zinc. Ici on ne commande pas un demi pression mais « une boisson modérément alcoolisée obtenue par transformation des matières amylacées par voie enzymatique et microbiologique ». On a devant moi viré un cadre inférieur qui avait commandé un Picon-bière, le garçon avait compris « P'tit con, bière ». Il est des mots imprononçables en ces lieux.

Fleur Pellerin à l'Opéra : « Prenons des danseurs plus grands, ils n'auront plus à danser sur la pointe des pieds. »

FUITE DES CERVEAUX

Nicolas Sarkozy veut rencontrer

500 intellectuels français.

500 intellectuels en France !

Va falloir en importer.

TÉLÉ ET MÉDIAS

STRIP-TEASE

Quand je suis malheureux, je regarde « Confessions intimes » à la télé. Il y a finalement plus malheureux que moi. Je pense à cette jolie femme qui déroulait son malheur, en larmes :
« Je rêve de faire un 69, mais je ne sais compter que jusqu'à 5… »
Autre thème : « J'ai réussi mon suicide, je témoigne… »
Un bel hommage aux employés de France Télécom. Les mecs passaient par la fenêtre, toi, on te faisait patienter avec un disque de Mike Brant, manquerait plus que chez EDF ils te passent un Claude François.

Quand je vois la poitrine de Nabilla, je me trouve con d'avoir acheté un écran plat.

À regarder la télé, on se dit que ministre de la Culture est toujours un emploi fictif.

ENCÉPHALOGRAMME PLAT

« Qui veut épouser mon fils ? », émission phare de la téléréalité, dans laquelle une vieille mère maquerelle tente de placer son fils, un puceau boutonneux totalement imbaisable, à une bombasse écervelée. Propos entendus :

« Votre grand-père était portraitiste. A-t-il peint le vôtre ?

– Je ne sais pas, il est mort avant ma naissance… »

Question QI, si le Q est visible, le I reste très discret. Il faut, pour être candidate, se situer entre la moule d'Espagne et la grande limace…

LAXATIF

Pub à la télé pour Valls,

un médicament qui soulage la

constipation passagère…

Pas de doute, la France

va trouver des débouchés !

Pujadas interviewant Hollande.
Playmobil fait sa télé.

FLEURS DU MAL

Modiano a écrit Fleurs de ruine *ignorant que son Nobel ferait un jour la ruine de Fleur.*

JEU TÉLÉ

« Le commandant Charcot a fait trois voyages au pôle Nord, il est mort durant l'un d'eux. Lequel ?

– J'vais essayer le deuxième… »

PPDA me manque : depuis son éviction du « 20 Heures », je ne mange que des steaks au poivre.

MONSTRES SACRÉS

DSK à la télé. Pour ne pas réveiller la bête, France 2 a bien fait les choses, rappelant des hôtesses de réserve chargées de le conduire au studio. Ginette, 89 ans, et Berthe, 101 ans – dont les popotins ramollis ont connu la main de Léon Zitrone –, ont servi des petits-fours au bromure, tandis que des tireurs d'élite armés de fusils hypodermiques se tenaient prêts à faire feu à la moindre boursouflure du kangourou. Tout ça pour un papy à cheveux blancs. J'attendais Siffredi dans *La boniche mord l'oreiller*, j'ai vu Michel Simon dans *Ce sacré grand-père*.

Nabilla, c'est tout en plastique, tu l'attaches à un radiateur, elle fond.

Sarkozy n'a pas changé. Tu le vois à la télé, tu crois que c'est une rediffusion !

ACTU BRÛLANTE

Aujourd'hui les journalistes des chaînes info arrivent avant les flics sur les lieux d'une intervention. Où vont nos unités d'élite ? Il suffit de regarder la télé. Prévenus, les habitants les attendent, espérant passer à l'écran. Les femmes sont allées chez le coiffeur, les mecs paradent sur leur trente et un, les gosses font des coucous à la caméra. À quand un selfie avec le preneur d'otages ? Celui-ci n'a plus besoin de les compter, il lui suffit d'écouter la radio pour en connaître le nombre, et savoir où ils sont planqués. Je trouve ça un peu RAID...

LE COMPTE EST BON

Des chercheurs l'affirment : un gosse qui lit utilise 867 mots, celui qui regarde la téléréalité, 163 mots seulement, dont « bâtard, vénère, teub, foufoune et truc de ouf... ». Ça ne me surprend pas au regard de ces quelques citations volées aux meilleures audiences :

« J'ai fait un tas de métiers, dont pompeuse d'essence. »

« Amélie n'est pas du genre à avoir sa langue dans sa bouche. »

« Il a bien répondu, ça ne m'étonne pas, il a beaucoup de culturisme. »

« Les gens, je les emmerde avec un grand A. »

« Je suis un vrai baiseur, on m'appelle "l'éléphant", et pas pour les oreilles. »

« Je te ferais bien l'amour, mais j'ai les couilles trop relax. »

« Oui, je déconne, aujourd'hui c'est ma journée de moquage. »

« Constipée depuis trois jours, je dois me motiver l'anus. »

« Maintenant que je suis connue, je vais devoir tenir une conversation avec des mots. »

« C'est la gifle qui fait déborder le vase. »

« J'ai envie de pleurer avec mes yeux. »

« Il arrive que les conséquences de la mort soient définitives. »

Et enfin, le meilleur pour la fin :
« Je suis têtue comme une moule ! »
En Belgique, la même commande des mules-frites.

CRISE DE LA PRESSE

Je me suis abonné aux *Échos*, aux *Échos*, aux *Échos*, *Échos*, *Échos Échos*...

Le secret de Nelson Monfort ?
Être bilingue en plusieurs langues.

30 MILLIONS D'AMIS

Entendu dans l'émission de radio Lahaie, l'amour et vous *:*

« Mon mari me force à aboyer quand il me prend en levrette. »

« Je suis athé, pourtant je baise en missionnaire. »

« Quand mon mari sort la chienne, c'est pour se la taper. »

Des fois la télé coupe les discours de François Hollande pour passer un petit programme.

NOUVEAU LOOK POUR UNE NOUVELLE VIE

Roselyne Bachelot, vue sur I-Télé, a bien minci. Adieu bourrelets et tailleurs roses... Nif-Nif, Naf-Naf et Nouf-Nouf ont l'impression d'avoir perdu leur maman.

DERNIÈRE SÉANCE

La télé rediffuse *Fantômas*, pour la 68e fois.
Pour la 68e fois, je l'ai regardé, détendu.
Ça fait quand même moins peur quand on connaît la fin.

FASTOCHE

Jeu télé : 5 000 euros à gagner.
« Quel est le prénom de Zola, Émile ou Gorgon ? »
Le mec n'a pas gagné les 5 000 euros.

INDIGESTION

Chefs de cuisine stars, ils polluent nos écrans, nos ondes. On ne fait plus rien sans demander l'avis d'un mec au prétexte qu'il réussit les œufs au plat. Si au moins ils profitaient de leurs cachets d'intermittents pour baisser les additions.

ÉTERNEL COME-BACK

Loana pour la multiplication des caméras de surveillance dans nos rues, ça lui permet de refaire de la télé.

MERCI, BERNARD !

Le Bernard Mabille des expressions à l'usage des candidats de téléréalité.

Afin de ne pas laisser ces petits QI en jachère et de leur permettre de briller en interview, j'offre aux candidats de téléréalité ces quelques expressions.

Dans le cul la balayette :

étourderie extrême.

Ne tirez pas sur le pianiste :

sauf sur Clayderman.

Pisser dans un violon :

vexer André Rieu.

Un ours mal léché :

foutue lune de miel !

Mettre les pouces :

grande intimité.

Se taper la cloche :

épouser
une moche.

Réchauffer un serpent dans son sein :

branlette espagnole.

Casser sa pipe :

se coincer popaul dans la fermeture Éclair.

Aimer enculer les mouches :

maudire les insecticides.

COINCER LA BULLE :

constipation papale.

POUDRE AUX YEUX :

se fait aussi dans les narines.

COULER UN BRONZE :

jeter à l'eau un Rodin.

En file indienne :

échangisme
à Bombay.

Avoir l'esprit d'escalier :

phobie de
l'ascenseur.

Plier les gaules :

andropause.

Être canon :

bourré comme un militaire.

Chier une pendule :

anus horribilis.

Passer l'arme à gauche :

chagrin socialiste.

Devenir chèvre :

légionnaire bizuté.

Tendre la perche :

être toujours jeune.

Autant en emporte le vent :

ouvrir les fenêtres.

Tremper son biscuit :

exhibitionnisme breton.

Avoir le compas dans l'œil :

horrible douleur.

N'avoir ni queue ni tête :

mourir d'ennui.

PÉTER PLUS HAUT QUE SON CUL :

aérophagie chronique.

VOIR LE BOUT DU TUNNEL :

espoir du gynécologue.

VOIR LA LUNE EN PLEIN JOUR :

cinq à sept.

Peur bleue :

allergie du footballeur à la vue d'un ballon.

Partir en couille :

se faire la paire.

Rentrer dans un trou de souris :

être fait comme un rat.

Peigner la girafe :

avoir le bras long.

Secret de polichinelle :

posséder la
clef du tiroir.

Bayer aux corneilles :

s'emmerder à la
Comédie-Française.

SE FAIRE LA BELLE :

on peut toujours rêver.

AVOIR DE L'EAU DANS LE GAZ :

arroser son cassoulet à la Vittel.

AVOIR UN NOM À COUCHER DEHORS :

M. Cocu.

AVOIR LA TÊTE DANS LE CUL :

souplesse peu commune.

TIRER LE DIABLE PAR LA QUEUE :

donner du plaisir à une personne peu recommandable.

LE COUP DU PÈRE FRANÇOIS :

Julie Gayet.

BISQUE ! BISQUE ! RAGE !

Homard m'a tué.

À L'EAU DE ROSE :

avoir un socialiste au téléphone.

AVOIR DU SEX-APPEAL :

baiser comme un lapin Duracell.

Faire un bœuf :

zoophilie.

Salut, vieille branche !

Mon bonjour à Georges Tron.

Couper les ponts :

supprimer le mois de mai.

Ne pas avoir les yeux en face des trous :

Phobie des proctos et des gynécos.

Au diable l'avarice :

avoir des jambes parfaites.

Sucer jusqu'à l'os :

avoir la moelle.

AVOIR PLUS D'UN TOUR DANS SON SAC :

hommage
à Pasqua.

MONTER SUR SES GRANDS CHEVAUX :

quand Sarkozy
fait du poney.

FAIRE TINTIN :

les RG mis en échec.

Faire un chèque en bois :

payer son ébéniste.

N'y voir que du bleu :

commentateur sportif chauvin.

Jeter l'éponge :

sortir un alcoolo de son bistrot.

En rang d'oignons :

défilé de majorettes.

Faire du lèche-vitrines :

spécialité amstellodamoise.

Faire le pied de grue :

chausser une pute.

BRANLE-BAS DE COMBAT :

amour chez les nains.

CON COMME LA LUNE :

bisexualité.

JOINDRE LES DEUX BOUTS :

intimité masculine.

ALORS LES FILLES,
ÇA VOUS FAIT QUOI D'ÊTRE
AVEC UNE GRANDE STAR ?
OH, MONSIEUR MABILLE,
GRAND-MÈRE, ELLE VOUS
ADORE, VOUS SAVEZ !

SHOWBIZ

Un jour on a dit à David : « Tu guetteras », et David Guetta.

Aurélie Filippetti enceinte d'Arnaud Montebourg. Ministre du Redressement n'était donc pas une appellation trompeuse.

MARIAGE PLUS VIEUX, MARIAGE HEUREUX

Macha Méril a épousé Michel Legrand, 82 ans. Au moins elle n'est pas emmerdée par ses beaux-parents.

FEMME À LUNETTES

Sharon Stone égérie d'Afflelou. Là je suis pour le double foyer.

MIRACLE DE LA SCIENCE

Bonne nouvelle,

Schumacher reparle.

Ses premiers mots :

« Vroum, vroum… »

MARATHON DU RIRE

Avez-vous vu le dernier one-man-show de Paul Bismuth ? Il court la France sous le pseudo de Nicolas Sarkozy. Son dernier sketch : la politique, c'est comme le dentifrice, « facile à faire sortir, mais difficile à faire rerentrer dans le tube ». Même à Vannes, pas sûr que ça casse la baraque.

EMPATHIE

Carla Bruni, nous apprend-on, a eu un trou de mémoire alors qu'elle chantait contre la maladie d'Alzheimer. Heureusement qu'elle ne chantait pas contre l'incontinence.

Après le Sarkobashing, on déplore le Hollandbashing, à ne pas confondre avec le Alainbashing, qui, lui, était très aimé.

*J'ai connu une chanteuse coquine.
« Je vais sortir un tube », disait-elle
en me mettant la main à la braguette.*

*Gérard Depardieu vient d'échapper à un
attentat : on lui a servi un verre d'eau.*

BONNE ÉTOILE

Le fils de Beckham se prénomme Brooklyn parce que conçu à Brooklyn. Heureusement que ses parents n'ont pas séjourné à Montcuq.

DES PRESSIONS

Retraité et triste, l'ancien pape picole. Il s'est mis à la bière : la Benoît 1664.

MÉMOIRE COURTE

Bertrand Cantat de retour à l'Olympia, comme si de rien n'était. Landru vivant, il ferait Bercy.

PRÉSIDENTIELLES

Carla donnera sa voix à Nicolas. Ça ne va pas porter loin. Y a des jours où l'on regrette de ne pas avoir épousé Lara Fabian.

QUAND L'AMOUR S'EN VA

Johnny ne votera plus Nicolas :
« Je ne crois plus que j'y crois encore... »

MADAME IRMA

Julie Gayet a débuté à la télé

dans le feuilleton

Premiers baisers,

hommage prémonitoire

aux électeurs de Hollande,

les premiers baisés.

JACKPOT

Un fan de Johnny a vendu sa collection consacrée à l'idole : 5 000 pièces. Montant de la vente : 33 000 euros. Pièce maîtresse des enchères, le dictionnaire de Johnny, comme neuf – il n'avait jamais servi.

PRINCIPE PHYSIQUE

Si Kim Kardashian fait le poirier, elle meurt étouffée.

C'EST MA TOURNÉE

Avant sa longue tournée, Johnny s'est mis à la gym : bars fixes et bars parallèles..

DÉGOÛT ET DES COULEURS

Comble de la folie : vivre dans un appartement décoré par Valérie Damidot.

REPRISE

Qu'est devenue Patricia Kaas ? 300 euros pour qui la retrouvera, on appelle ça la prime à la Kaas.

SOSIE OR NOT SOSIE ?

Un métier qui rapporte : être sosie de Johnny Hallyday. Ils sont une vingtaine à se produire sur scène. Moi aussi, j'ai eu un sosie, le malheureux est mort de faim.

LA PATRIE RECONNAISSANTE

Jugnot reçoit la Légion d'honneur. Comme quoi, en France, certains bronzés sont bien traités.

Bedos poursuivi pour avoir dit que Morano est conne, pas un scoop mais un pléonasme.

ROI

Jacques Séguéla récidive : « Si l'on est clochard, on peut arriver à mettre de côté 1 500 euros ! »

Pas de quoi s'acheter une Rolex quand même. J'ai honte pour lui. Faut le faire citoyen d'honneur de Cambrai, capitale de la bêtise.

Qu'est devenu le coiffeur de Bernard Thibault ? Toiletteur pour chiens.

MONSTRE SACRÉ

De Funès reste le comédien préféré des Français. Une chance pour Sarkozy. *Grande vadrouille*, *Folie des grandeurs* et *Corniaud*, c'est Fufu tout craché ; en plus, avec lui, on l'a toujours eu dans le *Petit baigneur*.

On sait aujourd'hui pourquoi Carla Bruni n'a pas accouché dans l'eau : le papa n'avait pas pied.

FASHION POLICE

Envie de gueuler contre le couturier du pape François, qui tous les étés le laisse mariner, par 35 °C à l'ombre, sous 3 tonnes d'habits sacerdotaux. On ne se balade pas un 15 août place Saint-Pierre vêtu de sa collection d'hiver.

Pourquoi les revers des pantalons de Gilbert Montagné sont-ils jaunes ? Parce que son chien est aveugle aussi.

LE SAVIEZ-VOUS ?

Non, Geneviève de Fontenay n'a pas inventé la retraite chapeau.

À VOTRE BON CŒUR

Vu dans le métro :

« Votre attention s'il vous plaît, je suis un humoriste dans le besoin : mes amis au pouvoir, je n'ai plus rien à dire…

Après mon sketch, je passerai parmi vous.

J'accepte les pièces de 5 centimes, les tickets resto, les chèques vacances…

Aidez-moi à survivre jusqu'au retour de la droite.

Avec les remerciements de Guy Bedos. »

REINE POLIDENT

Régine revient sur scène,

à 80 ans et des brouettes.

Ces brouettes-là sont plus

nombreuses que dans tous

les Jardiland réunis.

TABLE DES MATIÈRES

Illustrations de la couverture et des pages intérieures © Pascal Mabille
Création graphique et maquette : www.fabricehaes.com

Imprimé en Espagne
Dépôt légal : octobre 2015
N° d'impression : 01
ISBN : 978-2-7499-2744-2
LAF 2117